Sammlung

Außerdeutscher Strafgesetzbücher

in deutscher Übersetzung.

Herausgegeben von den Schriftleitungen

der

Zeitschrift für die gesamte Strafrechtswissenschaft

und der

Mitteilungen der Internationalen Kriminalistischen Vereinigung.

XXX.

Das Ungarische Strafgesetzbuch.

BERLIN 1910.

J. Guttentag, Verlagsbuchhandlung,

G. m. b. H.

Das Ungarische Strafgesetzbuch

über

Verbrechen und Vergehen

(V. Gesetz-Artikel vom Jahre 1878)

mit

allen Abänderungen und Ergänzungen

einschließlich der

Ungarischen Strafgesetznovelle

(XXXVI. Gesetz-Artikel vom Jahre 1908)

und

den bis 1909 ergangenen strafrechtlichen

Nebengesetzen.

BERLIN 1910.

J. Guttentag, Verlagsbuchhandlung,

G. m. b. H.

Vorwort.

Dem mehrfach an uns herangetretenen Wunsche nach einer bis auf den heutigen Tag ergänzten deutschen Übersetzung des Ungarischen Strafgesetzbuchs und seiner Nebengesetze haben wir, obwohl eine umfangreiche Revision des Strafgesetzbuches auch in Ungarn vorbereitet wird, um so mehr entsprechen zu müssen geglaubt, als die amtliche deutsche Übersetzung vom Jahre 1878*) als Einzelausgabe nicht im Buchhandel erschienen ist, und eine deutsche Zusammenstellung der seit 1878 ergangenen Novellen und der Nebengesetze strafrechtlichen Inhalts überhaupt nicht vorliegt, dieselben auch nicht in deutscher Übersetzung zugänglich sind, bis auf die Novelle vom Jahre 1908, welche, übersetzt von Herrn Gerichtsrat Richard v. Bartha, Budapest, in den „Mitteilungen der Internationalen Kriminalistischen Vereinigung“ Band XVI Seite 383—401 abgedruckt ist.

Diese am 30. Juli 1908 sanktionierte und am 6. August 1908 im „Országos Torvénytár“ kundgemachte Strafgesetznovelle, deren Bestimmungen mit Ausnahme der §§ 15—35, welche erst am 1. Januar 1910 in Kraft treten, bereits seit 1. Oktober 1908 in Geltung sind, ist nach der amtlichen deutschen Übersetzung aufgenommen; die übrigen eingeschalteten Bestimmungen sind von Herrn Árpád Bogsch zu Budapest teils aufs neue übersetzt, teils revidiert und von Herrn Ferdinand v. Bernolák, Professor des Strafrechts zu Kassa, dem wir auch an dieser Stelle verbindlichsten Dank sagen, zusammengestellt worden.

Die Redaktion:

Dr. Rosenfeld.

---

*) Landesgesetz-Sammlung für das Jahr 1878. (Budapest, 1878, herausgegeben vom kön. ung. Ministerium des Innern.) S. 1—119.

Erster Teil.

Allgemeine Bestimmungen.

I. Abschnitt.

Einleitende Verfügungen.

§ 1. Nur jene Handlung ist ein Verbrechen oder Vergehen, welche das Gesetz als solches erklärt.

Wegen eines Verbrechens oder Vergehens kann niemand mit einer anderen Strafe bestraft werden, als welche darauf, bevor das Verbrechen oder Vergehen begangen wurde, gesetzlich bestimmt war.

§ 2. Sind in der Zeit zwischen der Begehung einer Handlung und der Aburteilung voneinander abweichende Gesetze, Gerichtsbräuche und Verordnungen in Kraft getreten, so ist die mildeste Bestimmung anzuwenden.

§ 3. Bei Anwendung dieses Gesetzes ist der Tag mit vierundzwanzig Stunden, die Woche mit sieben Tagen, der Monat und das Jahr nach der Kalenderzeit zu berechnen.

§ 4. Alle in diesem Gesetze erwähnten Geldbeträge sind in laufender Währung zu verstehen, ohne Rücksicht auf den Kurs der Gold- und Silbermünze.

II. Abschnitt.

Wirksamkeit dieses Gesetzes hinsichtlich des Gebietes und der Personen.

§ 5. Die Wirksamkeit dieses Gesetzes erstreckt sich auf das ganze Gebiet des ungarischen Staates mit Ausnahme von Kroatien und Slavonien.

Die auf diesem Gebiete von Staatsangehörigen oder Ausländern begangenen Verbrechen und Vergehen werden nach den Bestimmungen dieses Gesetzes bestraft.

Die Ausnahmen hinsichtlich der zur bewaffneten Macht gehörigen Personen regelt ein besonderes Gesetz.

In bezug auf die Exterritorialität sind die Grundsätze des Völkerrechtes maßgebend.

§ 6. Unter dem Ausdrucke „ungarische Staatsangehörige“ werden alle begriffen, die im Gebiete des ungarischen Staates das Staatsbürgerrecht besitzen.

Gegen Angehörige des anderen Staates der Monarchie sind, soweit dieses Gesetz nicht eine Ausnahme festsetzt, die für Ausländer geltenden Bestimmungen in Anwendung zu bringen.

§ 7. Nach diesem Gesetze wird ferner bestraft:

1. Ein ungarischer Staatsangehöriger, der im Auslande eine der in den Abschnitten I, II, III und IV des zweiten Teiles bezeichneten strafbaren Handlungen oder die im XI. Abschnitte bezeichnete Geldverfälschung verübt, falls den Gegenstand der letzteren das bei den ungarischen Staatskassen als Zahlungsmittel angenommene Metall- oder Papiergeld oder ein in diesem Gesetze dem Gelde gleichgestelltes ungarisches oder kroatisch-slavonisches Kreditpapier (§§ 210 und 211) bildet.

2. Ein Ausländer, welcher eines der unter Z. 1 angeführten Verbrechen oder Vergehen, mit Ausnahme der im II. Abschnitte des zweiten Teiles bezeichneten Verbrechen oder Vergehen, im Auslande begeht.

Die Bestimmung dieses Paragraphen ist in den angeführten Fällen auch dann anzuwenden, wenn die betreffende Person außerhalb des ungarischen Staatsgebietes verurteilt wurde und die ihr dort zuerkannte Strafe auch verbüßt hat, oder wenn sie ohne Gegenzeichnung eines königl. ungarischen Ministers begnadigt wurde. Die verbüßte Strafe ist indessen bei Ausmessung der nach diesem Gesetze zuzuerkennenden Strafe nach Möglichkeit in Anrechnung zu bringen.

Begeht jedoch ein Angehöriger des anderen Staates der Monarchie das unter Z. 1 erwähnte Verbrechen oder Vergehen der Geldverfälschung oder ein unter Z. 2 bezeichnetes Verbrechen oder Vergehen, und wurde derselbe deshalb bereits in seinem Heimatsstaate bestraft oder begnadigt, so ist gegen ihn das Strafverfahren nur über Anordnung des Justizministers einzuleiten.

§ 8. Auch außer den im § 7 Z. 1 angeführten Fällen wird ein ungarischer Staatsangehöriger, der ein in diesem Gesetze bezeichnetes Verbrechen oder Vergehen im Auslande begeht, nach diesem Gesetze bestraft.

§ 9. Nach den Bestimmungen dieses Gesetzes wird auch ein Ausländer bestraft, der ein im § 7 Z. 2 nicht angeführtes Verbrechen oder Vergehen im Auslande begeht, falls dessen Auslieferung nach den Verträgen oder nach der bisherigen Praxis nicht stattfindet, und der Justizminister die Einleitung des Strafverfahrens anordnet.

§ 10. Gegen einen ungarischen Staatsangehörigen, der ein Verbrechen oder Vergehen begeht und nach dieser Handlung Angehöriger eines fremden Staates wird, sind die für ungarische Staatsangehörige geltenden Bestimmungen; gegen einen Ausländer aber, der als solcher ein Verbrechen oder Vergehen verübt und später ungarischer Staatsangehöriger wird, die für Ausländer geltenden Bestimmungen anzuwenden. Die Bestimmung des § 17 erstreckt sich jedoch auch auf diesen Fall.

§ 11. Wegen eines im Auslande begangenen Verbrechens oder Vergehens kann in den Fällen der §§ 8 und 9 das Strafverfahren nicht eingeleitet werden: wenn die Handlung nach dem am Orte der Begehung geltenden oder nach ungarischem Gesetze nicht strafbar ist oder nach einem dieser Gesetze aufgehört hat strafbar zu sein, oder wenn die zuständige ausländische Behörde die Strafe erlassen hat.

§ 12. Wenn in den Fällen der §§ 8 und 9 die Strafe des Verbrechens oder Vergehens am Orte der Begehung milder ist, als diejenige, welche dieses Gesetz bestimmt, so ist die mildere Strafe anzuwenden.

§ 13. In den Fällen der §§ 8 und 9 ist der im Auslande verbüßte Teil der Strafe auf die von den ungarischen Gerichten auszumessende Strafe stets in Anrechnung zu bringen.

§ 14. Wäre wegen eines außerhalb des ungarischen Staatsgebietes begangenen Verbrechens oder Vergehens nach einem ausländischen Gesetze eine Strafe anzuwenden, welche dieses Gesetz nicht kennt, so ist dieselbe in die ihr am meisten entsprechende Strafart dieses Gesetzes (§ 20) umzuwandeln.

§ 15. Hat ein ungarischer Staatsangehöriger im Auslande eine Handlung begangen, auf welche dieses Gesetz Amtsverlust oder zeitweilige Entziehung der politischen Rechte setzt, so ist behufs Anwendung dieser Nebenstrafen das Strafverfahren auch dann einzuleiten, wenn die Strafe bereits im Auslande verbüßt oder von der zuständigen ausländischen Behörde erlassen wurde.

§ 16. Die Bestimmungen dieses Gesetzes, wonach das Strafverfahren wegen einzelner gesetzlich bestimmter Verbrechen und Vergehen nur auf Antrag der verletzten Partei eingeleitet werden kann, sind auch dann anzuwenden, wenn jene durch einen ungarischen Staatsangehörigen oder einen Ausländer im Auslande begangen wurden, oder wenn die im Auslande begangene Handlung nach den am Orte der Begehung bestehenden Gesetzen nur auf Antrag des Verletzten verfolgt werden kann.

§ 17. Ein ungarischer Staatsangehöriger darf einem fremden Staate nie ausgeliefert werden.

Ein Angehöriger des anderen Staates der Monarchie darf nur seinem Heimatsstaate ausgeliefert werden.

§ 18. Ein durch die Behörde eines fremden Staates gefälltes Strafurteil wird auf ungarischem Staatsgebiete nicht vollstreckt.

§ 19. Die Immunität der Mitglieder des Reichstages und der Delegation wird durch dieses Gesetz nicht berührt.

III. Abschnitt.

Strafen. *Der bedingte Strafaufschub.*

A. Strafen.*)

§ 20. Die Strafen sind folgende:

1. Todesstrafe;
2. Zuchthaus;
3. Staatsgefängnis;
4. Kerker;
5. Gefängnis;
6. Geldstrafe.

Die unter Z. 1, 2 und 4 bezeichneten Strafen sind ausschließlich auf Verbrechen, die unter Z. 5 bezeichnete ist ausschließlich auf Vergehen anzuwenden.

Staatsgefängnis (Z. 3) wird auf Vergehen angewendet, wenn auf eine Dauer von weniger als fünf Jahren erkannt wird; auf Verbrechen dagegen, wenn auf eine Dauer von fünf Jahren oder darüber erkannt wird.

Als selbständige Strafe kommt Geldstrafe nur bei Vergehen, als Nebenstrafe jedoch bei Verbrechen und Vergehen zur Anwendung.

§ 21. Die Todesstrafe wird im geschlossenen Raume mit dem Strange vollzogen.

§ 22. Die Zuchthausstrafe ist eine lebenslängliche oder eine zeitige.

Die längste Dauer der zeitigen Zuchthausstrafe beträgt fünfzehn Jahre, die kürzeste zwei Jahre.

§ 23. Die längste Dauer der Strafe des Staatsgefängnisses beträgt fünfzehn Jahre, die kürzeste einen Tag.

§ 24. Die längste Dauer der Kerkerstrafe beträgt zehn Jahre, die kürzeste sechs Monate.

§ 25. Die Gefängnisstrafe kann bis zu fünf Jahren verhängt werden, ihre kürzeste Dauer beträgt einen Tag.

§ 26. Die Geldstrafe kann sowohl als selbständige wie als Nebenstrafe in der Höhe von einem Gulden bis zu viertausend Gulden ausgemessen werden.

§ 27. **) *An seine Stelle ist Gesetzartikel VIII vom Jahre 1887, an dessen Stelle folgender § 3 des Gesetzartikels XXVII vom Jahre 1892 getreten:*

> § 3. *Kraft des gegenwärtigen Gesetzes gehören alle Geldstrafen, ob sie von königlichen Gerichten oder von Verwaltungs-*

---

*) Die in diesem Abschnitte bestimmten Strafen sind gegen Jugendliche nicht anwendbar. Die die Jugendlichen betreffenden Bestimmungen siehe unten S. 22—27, §§ 15—31 der Ungarischen Strafgesetznovelle.

**) § 27 lautete: Die Geldstrafen werden zur Unterstützung entlassener armer Sträflinge, sowie zur Errichtung und Erhaltung der für jugendliche Sträflinge bestimmten Besserungsanstalten (§ 42) verwendet. Über die Verwendung der einfließenden Gelder für diese Zwecke verfügt der Justizminister.

behörden festgesetzt wurden, — wenn nur das Gesetz, die Ministerialverordnung oder das auf Grund von § 1 Absatz 3 und 4 des Gesetz-Artikels XL: 1879 festgestellte Statut, welche dem Urteile als Grundlage dienen, klar keine sonstige Bestimmung enthalten — unter die Verwaltung des Justizministers, und sind diese Beträge je nach Bedarf und Zweckmäßigkeit zum Bau von Detentionsanstalten, zum Besten von Korrektionsanstalten und zu Entlassenenfürsorgezwecken zu verwenden.

§ 28. Die Zuchthausstrafe wird in Landesstrafanstalten vollstreckt.

§ 29. Der zur Zuchthausstrafe Verurteilte (Zuchthaussträfling) ist zu den in der Strafanstalt eingeführten und ihm von der Direktion zugewiesenen Arbeiten anzuhalten. Während der im § 30 bezeichneten Zeit ist er Tag und Nacht, sonst aber nur nachts in Einzelhaft zu verwahren.

Jeder Zuchthaussträfling trägt Strafhauskleider, wird nach den für Zuchthäuser bestehenden Vorschriften verpflegt und ist diesen Vorschriften wie der Hausdisziplin unterworfen.

Außerhalb der Strafanstalt dürfen Zuchthaussträflinge lediglich zu öffentlichen Arbeiten nur dann verwendet werden, wenn ihre Absonderung von anderen Arbeitern durchführbar ist.

§ 30. Jeder Zuchthaussträfling wird in der Regel zu Beginn der Strafe in einer Einzelzelle untergebracht. Sträflinge, deren Strafzeit drei Jahre und darüber beträgt, sind ein Jahr lang; solche, deren Strafzeit kürzer als drei Jahre ist, ein Drittel der Strafzeit Tag und Nacht vollständig abgesondert in Einzelhaft zu halten. Die Absonderung wird nur unterbrochen durch die in den Vorschriften für Zuchthäuser bestimmten Besuche, den Gottesdienst und den Aufenthalt in freier Luft. (§ 31.)

Der in Einzelhaft befindliche Sträfling hat die ihm zugemessene Arbeit in seiner Zelle zu verrichten.

§ 31. Gesunde Zuchthaussträflinge bringen ohne Unterschied täglich innerhalb des Zuchthauses nach den in den besonderen Vorschriften enthaltenen Bestimmungen und unter Bewachung eine Stunde in freier Luft zu. Die in Einzelhaft Befindlichen sind hierbei von den anderen abgesondert zu halten. Aus Gesundheitsrücksichten kann der Direktor auf Grund eines ärztlichen Gutachtens diese Zeit um eine weitere Stunde verlängern.

§ 32. Die Einzelhaft darf nicht angewendet werden, wenn sie die körperliche oder geistige Gesundheit des Sträflings unmittelbar gefährdet; sie ist zu unterbrechen, sobald der Arzt die Anzeichen einer solchen Gefährdung wahrnimmt und anzeigt.

§ 33. Konnte die Einzelhaft aus dem im vorigen Paragraphen angeführten Grunde zu Beginn der Strafzeit nicht in Anwendung gebracht, oder mußte sie unterbrochen werden, so ist sie, falls die Gründe der Unterbrechung wegfallen, während der ersten Hälfte der Strafzeit nachträglich anzuwenden.

Über die erste Hälfte der Strafzeit hinaus darf die Einzelhaft, ausgenommen als Disziplinarstrafe, nicht zur Anwendung kommen.

§ 34. Zu lebenslänglicher Zuchthausstrafe Verurteilte dürfen nur innerhalb der ersten zehn Jahre in Einzelhaft gehalten werden; über diese Zeit hinaus darf gegen sie die Einzelhaft nur als Disziplinarstrafe angewendet werden.

§ 35. Die zur Strafe des Staatsgefängnisses Verurteilten (Staatsgefangenen) werden in besonderen Staatsgefängnissen verwahrt; sie sind, soweit es die räumlichen Verhältnisse gestatten, nachts in Einzelabsonderung, während des Tages in gemeinschaftlichen Räumen unterzubringen. Die Staatsgefangenen dürfen zur Arbeit nicht angehalten werden; es steht ihnen jedoch frei, sich mit einer den Verhältnissen der Anstalt entsprechenden, selbstgewählten Arbeit zu befassen. Sie dürfen ferner ihre eigenen Kleider tragen und sich selbst verpflegen. In bezug auf die Hausordnung und die Disziplinarvorschriften, hauptsächlich in bezug auf die Überwachung und den Verkehr mit fremden, nicht zur Anstalt gehörigen Personen, bestehen für das Staatsgefängnis mildere Anordnungen als für das Zuchthaus und den Kerker.

Die im Staatsgefängnisse verwahrten Personen dürfen täglich in dem von der Direktion bezeichneten Raume zwei Stunden im Freien zubringen.

§ 36. Die Kerkerstrafe wird im Distriktskerker oder in den vom Justizminister zu diesem Behufe bezeichneten Gerichtshofgefängnissen vollzogen.

§ 37. Die zur Kerkerstrafe verurteilten Personen sind zu einer ihren Verhältnissen entsprechenden Arbeit anzuhalten; doch können sie unter den für das betreffende Kerkergefängnis eingeführten Arbeiten frei wählen. Außerhalb des Kerkergebäudes können sie lediglich zu öffentlichen Arbeiten und nur mit ihrer Einwilligung verwendet werden; in diesem Falle sind sie von den Zuchthaussträflingen, wie von den freien Arbeitern abzusondern.

Die zur Kerkerstrafe Verurteilten sind der Einzelhaft unterworfen; in Hinsicht auf Kleidung und Verpflegung, Hausordnung und Disziplin gelten für sie die besonderen Vorschriften für Kerkergefängnisse, welche jedoch milder sind als jene für Zuchthäuser.

§ 38. Die Bestimmungen der §§ 30, 31, 32 und 33 sind auch auf die zur Kerkerstrafe verurteilten Personen anzuwenden, jedoch mit dem Unterschiede, daß diese innerhalb der zum Kerkergefängnisse gehörigen Räume täglich zwei Stunden in freier Luft verbringen. Nur als Disziplinarstrafe kann diese Zeit um eine Stunde verkürzt werden; jedoch darf eine solche Beschränkung ohne Unterbrechung nicht länger als zwei Tage dauern.

§ 39. Die Gefängnisstrafe wird im Gerichtshof- oder im Bezirksgerichtsgefängnisse vollzogen.

§ 40. Die zur Gefängnisstrafe Verurteilten sind regelmäßig nur in dem Falle der Einzelhaft bei Tag und Nacht unterworfen, wenn ihre Strafzeit länger als ein Jahr dauert; in bezug auf die Dauer der Einzelhaft gelten dazu die Vorschriften des § 30.

Die zur Gefängnisstrafe Verurteilten sind zu einer ihren Verhältnissen entsprechenden Arbeit anzuhalten, haben aber das im § 37 bezeichnete Recht der Arbeitswahl. Außerhalb des Gefängnisses dürfen sie jedoch nur mit ihrer Einwilligung und lediglich zu öffentlichen Arbeiten verwendet werden. In Hinsicht auf die Verpflegung, die Hausordnung und die Disziplin sind sie den Gefängnisvorschriften unterworfen; diese sind jedoch milder als die für die Zuchthäuser und Kerker bestehenden.

§ 41. Aus besonders berücksichtigungswerten Gründen kann das Gericht im Urteile einen zur Gefängnisstrafe Verurteilten von der Arbeit entheben und demselben die Verpflegung auf eigene Kosten gestatten.

§ 42.*) *Durch Gesetz-Artikel XXXVI vom Jahre 1908, Artikel IV außer Kraft gesetzt.*

§ 43. Mitglieder der Aufsichts-Kommission sind: der Präsident des Gerichtshofes beziehungsweise dessen Stellvertreter; der Staatsanwalt beziehungsweise der Staatsanwalts-Substitut, der Direktor (Inspektor), der Seelsorger, der Lehrer der Strafanstalt, endlich zwei durch den Verwaltungs-Ausschuß des Munizipiums gewählte Personen.

Bei einer Beschlußfassung, welche die Überführung einer im Gefängnisse eines Bezirksgerichts befindlichen jugendlichen Person in eine Besserungsanstalt betrifft, ist auch der betreffende Bezirksrichter einzuvernehmen.

§ 44. Sträflinge, welche zu einer mindestens dreijährigen Zuchthaus- oder Kerkerstrafe verurteilt sind, zwei Dritteile ihrer Strafzeit verbüßt haben und durch Fleiß und gute Aufführung gegründete Gewähr für ihre Besserung bieten, werden zur Abbüßung des noch rückständigen Teiles der Strafe an die Zwischenanstalt abgegeben. In dieser werden sie gleichfalls mit Arbeiten beschäftigt, genießen aber eine mildere Behandlung.

§ 45. Die zu lebenslänglichem Zuchthaus Verurteilten können nach Verbüßung des zehnten Strafjahres unter den Voraussetzungen des § 44 gleichfalls in die Zwischenanstalt abgeführt werden.

§ 46. Die Abführung an die Zwischenanstalt ordnet nach Einvernehmung der Aufsichts-Kommission der Justizminister an.

---

*) § 42 lautete: Werden jugendliche Personen von nicht über zwanzig Lebensjahren zur Gefängnisstrafe verurteilt, so kann das Gericht zum Zwecke der Besserung im Urteile anordnen, daß sie, wenn ihre Strafzeit sechs Monate nicht übersteigt, die ganze Strafzeit, im anderen Falle einen sechs Monate nicht übersteigenden Teil derselben in Einzelhaft zu verbüßen haben.

Das Gericht kann im Urteile statt der Verwahrung in Einzelhaft auch die Überführung solcher jugendlicher Personen in eine Besserungsanstalt anordnen. Wurde diese Verfügung im Urteile nicht getroffen und erscheint sie dennoch mit Rücksicht auf den Besserungszweck als wünschenswert, so kann der Justizminister auf Vorschlag der Aufsichtskommission dieselbe anordnen.

§ 47. Die in der Zwischenanstalt befindlichen Sträflinge können, wenn sie sich eines Disziplinarvergehens schuldig machen, in das Zuchthaus beziehungsweise in den Kerker zurückgeschickt werden.

§ 48. Der Justizminister kann die in der Zwischenanstalt befindlichen Sträflinge, wenn sie durch gute Aufführung und Fleiß die Hoffnung auf ihre Besserung bestärken, auf ihr eigenes Ansuchen und über Vorschlag der Aufsichts-Kommission auf Widerruf entlassen, falls sie drei Viertel ihrer Strafe, die zu lebenslänglichem Zuchthaus Verurteilten aber wenigstens fünfzehn Jahre verbüßt haben.

Auf Widerruf können auf ihr eigenes Ansuchen und über Vorschlag der Aufsichts-Kommission auch jene Personen entlassen werden, welche zu Zuchthaus in weniger als dreijähriger Dauer oder zu mehr als einjährigem Kerker oder zu einer sonstigen Freiheitsstrafe verurteilt sind, falls sie drei Viertel ihrer Strafe verbüßt haben, und die übrigen Voraussetzungen des § 44 bei ihnen vorhanden sind.

§ 49. Auf Widerruf können nicht entlassen werden:

1. Ausländer,
2. Rückfällige bei den in den §§ 333, 344, 350, 355, 370, 379, 422, 423, 424 bezeichneten Verbrechen und Vergehen.

§ 50. Die auf Widerruf Entlassenen unterstehen hinsichtlich ihres Aufenthaltsortes, ihres Verhaltens und ihrer Lebensweise besonderen polizeilichen Vorschriften. Verletzen sie diese Vorschriften, so kann der Justizminister die Entlassung widerrufen.

Wird die Entlassung widerrufen, so ist der unterbrochene Vollzug der im Urteile zuerkannten Strafe fortzusetzen, und die in Freiheit verbrachte Zeit in die Strafe nicht einzurechnen.

Ist die Strafzeit ohne Widerruf der Entlassung zu Ende gegangen, so wird die Strafe als verbüßt betrachtet.

§ 51. In dringenden Fällen sind die Verwaltungsbeamten, Gemeinde-Vorsteher und Staatsanwälte berechtigt, einen auf Widerruf Entlassenen in sofortige Verwahrung nehmen zu lassen; über die erfolgte Verhaftung und deren Gründe ist jedoch behufs weiterer Verfügung unverzüglich dem Justizminister Bericht zu erstatten.

Die Dauer dieser Haft ist, falls die Entlassung widerrufen wird, in die noch zu verbüßende Strafzeit einzurechnen.

§ 52. Insolange, als die den Bestimmungen dieses Abschnittes entsprechenden Anstalten zur Vollstreckung der Freiheitsstrafen nicht errichtet sind, werden diese nach den bestehenden Anordnungen vollstreckt.

Die Entlassung auf Widerruf findet jedoch auch während dieser Zeit statt, und zwar ohne Rücksicht auf die Dauer der im Urteile zuerkannten Freiheitsstrafe, auch hinsichtlich derjenigen, welche an eine Zwischenanstalt nicht abgegeben wurden, wenn nur bei ihnen die sonstigen Voraussetzungen der §§ 44 und 48 zutreffen.

Nach Herstellung und Einrichtung der diesem Gesetze entsprechenden Anstalten hat der Justizminister die Verfügung zu treffen, daß nach Maßgabe der vorhandenen Anstalten die Verurteilten und zwar auch jene, welche ihre Freiheitsstrafe schon angetreten haben, an die neuen Anstalten abgegeben werden und den Rest ihrer Strafe nach den Vorschriften dieses Gesetzes verbüßen.

§ 53. Geldstrafen sind in Bezug auf jede einzelne Person abgesondert auszumessen. Im Urteile ist zugleich die Dauer der Freiheitsstrafe zu bestimmen, welche im Falle der Uneinbringlichkeit einer Geldstrafe an deren Stelle zu treten hat. Hierbei kann für einen Betrag von einem bis zehn Gulden ein Tag berechnet werden.

Die Dauer der Freiheitsstrafe, welche an die Stelle der Geldstrafe tritt, darf jedoch, wenn die letztere eine Hauptstrafe ist, sechs Monate, und wenn sie eine Nebenstrafe ist, drei Monate nicht überschreiten. Im ersten Falle ist die Geldstrafe in Gefängnis, im zweiten in jene Freiheitsstrafe umzuwandeln, welche außer der Geldstrafe verhängt wurde.

Ist jedoch die Strafe lebenslängliches Zuchthaus oder fünfzehnjähriges Zuchthaus oder Staatsgefängnis, so kann die Geldstrafe nicht in Freiheitsstrafe umgewandelt werden.

Aus dem Nachlasse eines Verurteilten kann eine Geldstrafe nur dann eingetrieben werden, wenn das Urteil noch bei dessen Lebzeiten in Rechtskraft erwachsen ist.

§ 54. In den durch dieses Gesetz bestimmten Fällen sind neben der Freiheitsstrafe auch noch die Nebenstrafen des Amtsverlustes und der zeitweiligen Entziehung der politischen Rechte und zwar einzeln oder beide zusammen zu verhängen.

Jedoch kann in jenen Fällen, in welchen die vom Richter verhängte Strafe Gefängnis oder Staatsgefängnis in der Dauer von sechs Monaten nicht übersteigt, mag auch neben der Freiheitsstrafe auf eine Geldstrafe erkannt werden; desgleichen in jenen Fällen, in welchen auf eine Geldstrafe als Hauptstrafe erkannt wird (§ 92), von der Verhängung des Amtsverlustes und der Entziehung der politischen Rechte Umgang genommen werden.

*) *In jenen Fällen, in welchen das Gericht befugt ist, von der Verhängung des Amtsverlustes und der zeitweiligen Entziehung der politischen Rechte abzusehen, kann auch vom Verbot (StGB. § 60) der Ausübung des eine Fachbildung voraussetzenden Berufes oder einer derartigen Beschäftigung, sowie von der Verhängung des Verlustes des bekleideten Amtes und der bekleideten Stellung beziehungsweise der Rechtsanwaltschaft Abstand genommen werden.*

§ 55. Die zum Amtsverluste Verurteilten verlieren:

1. die durch Ernennung oder Wahl erlangten öffentlichen Ämter oder Dienste; desgleichen die auf Grund einer behördlichen Bestätigung bekleideten Ämter, Dienste oder Stellungen und die danach entfallenden Pensionsansprüche, Pensionen oder Gnadengehalte;

---

*) Dieser dritte Absatz ist durch Artikel IX § 36 des XXXVI. Gesetz-Artikels vom Jahre 1908 beigefügt worden.

2. die Advokatur, das Notariat, die öffentliche Professur oder die öffentliche Lehrerstellung;

3. die von ihnen geführten Vormundschaften und Kuratelen;

4. die auf die Erben nicht übergehenden öffentlichen Titel, inländische Ordens- und Ehrenzeichen, die Berechtigung ausländische Ordens- und Ehrenzeichen tragen zu dürfen;

5. die Fähigkeit, während der durch das Gericht bestimmten Zeit (§ 57) die bezeichneten Ämter, Dienste, Stellungen und Auszeichnungen zu erlangen.

§ 56. Die zeitweilige Entziehung der politischen Rechte bewirkt, daß der hierzu Verurteilte

1. nicht Mitglied des Reichstages oder des Vertretungskörpers eines Munizipiums oder einer Gemeinde,

2. nicht Geschworener sein kann,

3. bei Reichstags-, Munizipal- oder Gemeindewahlen kein Wahlrecht besitzt.

§ 57. Die Dauer des Amtsverlustes und der Entziehung der politischen Rechte bestimmt das Gericht.

Diese kann sich bei Vergehen auf ein bis drei Jahre, bei Verbrechen auf drei bis zehn Jahre erstrecken und wird vom Ende der Freiheitsstrafe, im Falle der Verjährung aber vom Ende der letzteren an gerechnet.

Wird die Todesstrafe in Freiheitsstrafe umgewandelt, so ist die Dauer des Amtsverlustes und der Entziehung der politischen Rechte gleichzeitig mit der Umwandlung auszusprechen.

§ 58. Wer zum Amtsverluste und zur zeitweiligen Entziehung der politischen Rechte verurteilt wurde, kann nach Verbüßung seiner Freiheitsstrafe von dem Zeitpunkte ab, in welchem ihm die Ausübung der politischen Rechte wieder zusteht, öffentliche Ämter oder von behördlicher Bestätigung abhängige Ämter, Stellungen oder Dienste neuerlich bekleiden.

Eltern, welche ihre Freiheitsstrafe verbüßt haben, werden durch dieses Gesetz an der Übernahme der Vormundschaft, beziehungsweise Kuratel über ihre Kinder nicht gehindert.

§ 59. Während der Dauer der Freiheitsstrafe sind dem Verurteilten die im § 55 aufgeführten Ämter, Stellungen und Dienste, desgleichen die Ausübung der politischen Rechte, sowie der Gebrauch von Titeln, Ordens- und Ehrenzeichen kraft des Gesetzes entzogen, auch ohne daß dies im Urteile ausdrücklich ausgesprochen wird.

Während dieser Zeit erlischt auch der Genuß der mit den bezeichneten Ämtern, Diensten, Ordens- und Ehrenzeichen verbundenen Gehalte oder anderweitigen Bezüge, sowie der Pensionen und Gnadengehalte.

§ 60. Im besonderen Teile dieses Gesetzes werden die Fälle bestimmt, in welchen einem Verurteilten die Ausübung von Beschäftigungen, welche eine besondere Fachbildung erfordern, zu untersagen ist.

§ 61. Gegenstände, welche durch ein Verbrechen oder Vergehen hervorgebracht wurden oder zur Verübung eines Verbrechens oder Vergehens dienten, sind, sofern sie Eigentum des Täters oder eines Teilnehmers sind, einzuziehen. Ist aber deren Besitz, Gebrauch oder Verbreitung auch anderweitig verboten, so sind sie auch dann einzuziehen und zu vernichten, wenn sie Eigentum eines Dritten sind.

Der Erlös aus den eingezogenen Gegenständen, soweit dieselben nicht vernichtet werden, ist den für die Verwendung der Geldstrafen bestimmten Zwecken (§ 27) zuzuwenden.

§ 62. Wird die strafbare Handlung durch Veröffentlichung oder Verbreitung eines Druckwerkes, einer Schrift oder einer bildlichen Darstellung begangen, so ist durch Urteil die Einziehung und Vernichtung der im Besitze des Verfassers, Druckers, Verschleißers, Verbreiters oder des öffentlichen Ausstellers befindlichen Exemplare, Formen und Platten selbst dann zu verfügen, wenn das Strafverfahren gegen eine bestimmte Person nicht eingeleitet werden kann.

Nach Artikel X des XXXVI. Gesetz-Artikels vom Jahre 1908 wird hier als neuer Paragraph die im folgenden § 37 enthaltene Bestimmung eingeschaltet:

> *§ 37. Der Justizminister kann anordnen, dafs einzelne Gegenstände, welche das Gericht auf Grund der §§ 61 und 62 des StGB. eingezogen hat, zur Errichtung und Förderung von Kriminalmuseen verwendet werden.*

§ 63. Unter einem Druckwerke wird jede durch die Druckerpresse, den Stich, die Form, die Maschine oder durch andere mechanische oder chemische Vorrichtungen hervorgebrachte Vervielfältigung einer Schrift oder einer bildlichen Darstellung verstanden.

§ 64. Ausländer können wegen eines Verbrechens neben der im besonderen Teile festgesetzten Strafe noch zur Ausweisung aus dem Staatsgebiete verurteilt, und es kann ihnen die Rückkehr für immer oder für bestimmte Zeit untersagt werden.

B. Der bedingte Strafaufschub.

Der XXXVI. Gesetz-Artikel vom Jahre 1908, über die Ergänzung und Abänderung der Strafgesetzbücher und der Strafprozefsordnung) bestimmt im ersten Abschnitt (Der bedingte Strafaufschub) Artikel I:*

> *Der erste Teil des G.-A. V: 1878 über Verbrechen und Vergehen (StGB.) wird durch die folgenden §§ 1—7 ergänzt.*
>
> *§ 1. Das Gericht kann den Vollzug der, in einer einen Monat nicht übersteigenden Dauer bemessenen Gefängnisstrafe und der Geldstrafe aus Gründen, die besondere Würdigung verdienen, aufschieben, wenn es hiervon für die Aufführung*

*) Kurz Ungarische Strafgesetznovelle genannt.

des Verurteilten mit Berücksichtigung seiner Individualität, seiner Lebensverhältnisse und sämtlicher sonstiger Umstände des Falles eine günstige Wirkung erhofft.

Die Wirksamkeit des Aufschubes erstreckt sich auch auf die als Nebenstrafe verhängte Geldstrafe; sie erstreckt sich jedoch nicht auf sonstige Verfügungen des Urteiles. Die Wirksamkeit der in den §§ 55, 56 und 60 des StGB. bestimmten Nebenstrafen beginnt mit dem Tage des Eintrittes der Rechtskraft des aufschiebenden Urteiles.

In einem aufschiebenden Urteil kann die Ausweisung nicht verhängt werden.

§ 2. Die Strafe kann nicht aufgeschoben werden, wenn:

1. das Gericht dieselbe wegen einer im Gesetz mit Zuchthaus- oder Kerkerstrafe bedrohten Handlung oder wegen des Versuches einer solchen Handlung verhängt hat;

2. der Verurteilte zuvor wegen eines Verbrechens rechtskräftig verurteilt worden ist, oder innerhalb von zehn Jahren gegen ihn eine Gefängnisstrafe oder eine, einen Monat übersteigende Haftstrafe verhängt worden ist, ausgenommen, wenn dieselbe im Wege der königlichen Gnade erlassen wurde;

3. der Verurteilte die Handlung aus niedrigem Beweggrunde verübt hat.

§ 3. Die aufgeschobene Strafe kann nicht vollzogen werden, wenn gegen den Verurteilten während der von dem Beginn der Rechtskraft des Urteiles laufenden dreijährigen Bewährungsfrist ein Strafverfahren nicht im Zuge war.

§ 4. Wenn vor Ablauf der Bewährungsfrist gegen den Verurteilten das Strafverfahren wegen einer während der Bewährungsfrist begangenen Handlung eingeleitet wird, und das Gericht ihn im Laufe des neuen Verfahrens wegen Verbrechens verurteilt oder gegen ihn wegen vorsätzlich begangenen Vergehens eine Gefängnisstrafe verhängt, so ist die aufgeschobene Strafe ohne Feststellung einer Gesamtstrafe zu vollziehen. In den sonstigen Fällen der Verurteilung entscheidet das amtshandelnde Gericht unter Würdigung der Umstände des Falles darüber, ob auch die aufgeschobene Strafe zu vollziehen ist. In ähnlicher Weise entscheidet das Gericht im Falle eines Freispruches, wenn sich derselbe auf die Zurücknahme des Antrages gründet.

§ 5. Die Verhängung einer Gesamtstrafe erfolgt:

1. wenn während der Bewährungsfrist gegen den Verurteilten das Verfahren wegen einer solchen Handlung im Zuge war, welche er noch vor Beginn der Rechtskraft des aufschiebenden Urteils verübt hatte, und das Gericht auf eine Freiheitsstrafe erkennt;

2. wenn das Gericht während der Bewährungsfrist erfährt, daſs der Verurteilte vorhergehend zu einer Freiheits-

strafe rechtskräftig verurteilt wurde, und dieselbe noch zu vollziehen ist.

Das Gericht kann innerhalb der Schranken der §§ 1 und 2 auch die auf diese Weise verhängte Gesamtstrafe aufschieben.

*§ 6. Aufser den in den §§ 4 und 5 bestimmten Fällen wird die Wirksamkeit des Strafaufschubes durch das während der Bewährungsfrist im Zuge gewesene Verfahren nicht berührt.**)

§ 7. Während des Vollzuges der Freiheitsstrafe ruht der Lauf der Strafzeit der in den §§ 55 und 56 des StGB. bestimmten Nebenstrafen.

IV. Abschnitt.

Der Versuch.

§ 65. Die Handlung, durch welche die Ausführung eines beabsichtigten Verbrechens oder Vergehens begonnen, aber nicht vollendet wurde, bildet den Versuch des begonnenen Verbrechens oder Vergehens.

Der Versuch des Verbrechens wird immer bestraft, der des Vergehens nur in den im besonderen Teile dieses Gesetzes bestimmten Fällen.

§ 66. Der Versuch ist milder zu bestrafen als das vollendete Verbrechen oder Vergehen.

Die Strafe des Versuches darf unter das niedrigste Strafmaß herabgehen, welches auf das vollendete Verbrechen oder Vergehen gesetzt ist; sie kann sogar in einer milderen Strafart bemessen werden.

Wenn das Gesetz auf das vollendete Verbrechen Todesstrafe oder lebenslängliches Zuchthaus androht, so wird der Versuch mit zeitiger Zuchthausstrafe bestraft. Diese kann bei den mit dem Tode bedrohten Verbrechen nicht niedriger als mit fünf; bei mit lebenslänglichem Zuchthaus bedrohten nicht niedriger als mit drei Jahren bemessen werden.

§ 67. Der Versuch ist nicht strafbar.

1. wenn der Täter aus eigenem Antriebe von der Vollendung des Verbrechens abgestanden ist;

2. wenn er, ehe seine Handlung entdeckt wurde, den zum Tatbestande des Verbrechens oder Vergehens gehörigen Erfolg aus eigenem Antriebe abgewendet hat.

---

*) Eine Ausnahme bestimmt § 12 desselben Gesetzes. § 12 lautet:

Wenn das Gericht von den im Punkt 2 des § 2 angeführten Urteile während der Bewährungsfrist erst dann Kenntnis erlangt, da die in jenem Urteile verhängte Strafe schon vollzogen war oder in eine Gesamtstrafe (§ 5) aus einem anderen Grunde nicht aufgenommen werden kann, so setzt das Gericht die den Aufschub der Strafe betreffende Verfügung ohne Wiederaufnahmeverfahren außer Kraft und verfügt den Vollzug der Strafe.

§ 68. Wenn die Versuchshandlung als solche im Sinne des § 67 nicht strafbar ist, jedoch schon an sich den Tatbestand einer strafbaren Handlung bildet, so wird deren Bestrafung durch die Bestimmung des § 67 nicht ausgeschlossen.

V. Abschnitt.

Teilnahme.

§ 69. Teilnehmer an einem vollbrachten oder versuchten Verbrechen oder Vergehen ist:

1. wer einen anderen vorsätzlich zur Verübung des Verbrechens oder Vergehens bestimmt (Anstifter);

2. wer die Verübung des Verbrechens oder Vergehens vorsätzlich befördert oder erleichtert, oder einen anderen zu solcher Beförderung oder Erleichterung bestimmt; desgleichen wer mit anderen über die bei der oder nach Verübung der Tat zu leistende Hilfe, über die Bergung des aus der Tat stammenden Gewinnes, oder über die Vereitelung behördlicher Maßregeln im vorhinein Verabredungen trifft. (Gehilfe.)

§ 70. Als Täter werden alle betrachtet, welche ein Verbrechen oder Vergehen zusammen oder gemeinschaftlich ausführen.

§ 71. Die Täter und deren Anstifter sind mit der auf das verübte Verbrechen oder Vergehen angedrohten Strafe zu bestrafen.

§ 72. Bei Ausmessung der Strafe der Gehilfen dienen die für den Versuch geltenden Bestimmungen (§ 66) als Richtschnur.

§ 73. Hat der Täter eine Handlung begangen, welche unter schwerere Strafe fällt als diejenige, zu der ihn der Anstifter bestimmt hat, so darf die unter schwerere Strafe fallende Handlung dem Anstifter nicht zugerechnet werden. Die gleiche Regel gilt auch bezüglich der Gehilfen.

§ 74. Persönliche Eigenschaften oder Verhältnisse eines Täters oder Teilnehmers, welche die Strafbarkeit der verübten Handlung ausschließen, die Strafe mildern oder erschweren, kommen für die übrigen Täter und Teilnehmer nicht in Betracht.

VI. Abschnitt.

Vorsatz oder Fahrlässigkeit.

§ 75. Nur eine vorsätzlich begangene Handlung ist ein Verbrechen.

Das gleiche gilt auch von Vergehen, ausgenommen, wenn eine aus Fahrlässigkeit (culpa) begangene Handlung im besonderen Teile des Gesetzes als ein Vergehen erklärt wird.

VII. Abschnitt.

Gründe, welche die Strafe ausschliefsen oder mildern, *sowie Bestimmungen betreffend Jugendliche.*

§ 76. Eine Handlung darf demjenigen nicht zugerechnet werden, der sie im Zustande der Bewußtlosigkeit begeht, oder dessen Geistestätigkeit so gestört ist, daß dadurch die Fähigkeit freier Willensbestimmung ausgeschlossen ist.

§ 77. Eine Handlung darf dem Täter nicht zugerechnet werden, wenn dieser durch unwiderstehliche Gewalt oder durch Drohung mit einer unmittelbaren, auf andere Weise nicht abwendbaren Gefahr für Leben und Gesundheit seiner selbst oder seiner Angehörigen dazu genötigt wurde.

§ 78. Als Angehörige in diesem Sinne werden betrachtet: Verwandte und Verschwägerte in auf- und absteigender Linie, die Geschwister, Geschwisterkinder und die noch näher Verwandten, Wahl- und Pflegeeltern, Wahl- und Pflegekinder, Ehegatten und Verlobte, die Ehegatten der Geschwister und die Geschwister der Ehegatten.

§ 79. Die Zurechnung einer Handlung ist auch ausgeschlossen, wenn dieselbe durch Notwehr geboten war.

Notwehr ist jede Verteidigung, welche erforderlich ist, um einen gegen die Person oder das Vermögen des Angegriffenen oder eines anderen gerichteten oder drohenden widerrechtlichen und unmittelbaren Angriff abzuwehren.

Die Überschreitung der Notwehr aus Furcht, Schrecken oder Bestürzung ist nicht strafbar.

§ 80. Eine Handlung ist nicht strafbar, wenn dieselbe im Notstande zur Rettung aus einer unverschuldeten, auf andere Weise nicht zu beseitigenden unmittelbaren Gefahr für das Leben des Täters oder seiner Angehörigen begangen wurde.

§ 81. Unkenntnis oder irrige Auffassung des Strafgesetzes schließen die Zurechnung nicht aus.

§ 82. Dem Täter können Tatumstände, welche zum Tatbestande eines Verbrechens oder Vergehens gehören, oder eine schwerere Zurechnung begründen, nicht zugerechnet werden, wenn er bei Begehung der Handlung über die Tatumstände in Unkenntnis war.

Auf die aus Fahrlässigkeit begangenen Handlungen kann diese Regel nur in dem Falle angewendet werden, wenn nicht schon in der Unkenntnis der erwähnten Umstände an sich eine Fahrlässigkeit liegt.

§ 83—86*) *sind durch Artikel IV des XXXVI. Gesetzartikels vom Jahre 1908 (sogen. Ungarische Strafgesetznovelle) durch folgende Bestimmungen**) ersetzt:*

§ 15. Gegen denjenigen, der zur Zeit der Begehung eines Verbrechens oder Vergehens sein zwölftes Lebensjahr noch nicht überschritten hat (Kind), kann weder eine Anklage erhoben, noch das Strafverfahren eingeleitet werden.

Wenn das Kind ein Verbrechen oder Vergehen begangen hat, so kann es von der Behörde, vor die das Kind gelangt, behufs Bestrafung an die zur Ausübung der häuslichen Zucht berechtigten Person oder an die Schulbehörde überwiesen werden. Die Schulbehörde kann das Kind mit einem Verweis oder Schularrest bestrafen.

Wenn das Kind in seiner bisherigen Umgebung dem sittlichen Verderben ausgesetzt ist oder dort bereits Zeichen des Verkommens gegeben hat, so teilt dies die Behörde der Vormundschaftsbehörde mit und übergibt das Kind, wenn dies in seinem Interesse unaufschiebbar notwendig ist, behufs zeitweiliger Aufnahme dem nächst gelegenen staatlichen Kinderasyl. Die Vormundschaftsbehörde verfügt bezüglich der Fürsorgeerziehung des Kindes im Sinne der diesbezüglich mafsgebenden Vorschriften.

§ 16. Wer zur Zeit der Begehung eines Verbrechens oder Vergehens das zwölfte Lebensjahr schon überschritten, das

---

*) Die aufser Kraft gesetzten Bestimmungen lauteten:

§ 83. Wer bei Begehung eines Verbrechens oder Vergehens das zwölfte Lebensjahr nicht zurückgelegt hat, kann nicht strafrechtlich verfolgt werden.

§ 84. Wer bei Begehung eines Verbrechens oder Vergehens das zwölfte Lebensjahr zurückgelegt, das sechzehnte Lebensjahr aber noch nicht vollendet hat, wird nicht gestraft, wenn ihm die zur Erkenntnis der Strafbarkeit seiner Handlung erforderliche Einsicht gefehlt hat.

Ein solcher Minderjähriger kann jedoch durch Urteil einer Besserungsanstalt überwiesen werden, in welcher er indessen nicht über das zwanzigste Lebensjahr zurückbehalten werden darf.

§ 85. Jugendliche Personen in dem im vorigen Paragraphen bezeichneten Alter, welche bei Begehung einer Handlung die zur Erkenntnis der Strafbarkeit erforderliche Einsicht besitzen, werden nach folgenden Bestimmungen bestraft:

1. wegen eines mit dem Tode oder mit lebenslänglichem Zuchthaus bedrohten Verbrechens mit Kerker von zwei bis zu fünf Jahren;

2. wegen eines mit Zuchthaus oder Staatsgefängnis von fünf bis zu fünfzehn Jahren bedrohten Verbrechens mit Kerker beziehungsweise Staatsgefängnis bis zu zwei Jahren;

3. wegen anderer Verbrechen mit Gefängnis bis zu zwei Jahren;

4. wegen eines Vergehens findet polizeiliche Bestrafung statt.

Auf Amtsverlust oder auf zeitweilige Entziehung der politischen Rechte darf gegen Personen, welche nach diesem Paragraphen zu bestrafen sind, nicht erkannt werden.

§ 86. Die nach dem vorigen Paragraphen zu bestrafenden Personen sind während der ganzen Dauer ihrer Freiheitsstrafe von den übrigen Gefangenen gesondert zu halten.

**) Sie treten erst am 1. Januar 1910 in Kraft.

achtzehnte Lebensjahr jedoch noch nicht vollendet hat (ein Jugendlicher), kann, wenn ihm die zur Strafbarkeit erforderliche geistige und sittliche Entwicklung fehlte, nicht zu strafrechtlicher Verantwortung gezogen werden.

Das Gericht kann, wenn es dies gegebenenfalls für notwendig erachtet, anordnen, dafs den Jugendlichen sein gesetzlicher Vertreter, einer seiner Angehörigen oder eine sonstige geeignete Person unter häuslicher Aufsicht halte, oder es kann veranlassen, dafs der Jugendliche eine häusliche oder Schulstrafe erhalte (zweiter Absatz des § 15).

Wenn ein solcher Jugendlicher in seiner bisherigen Umgebung dem sittlichen Verderben ausgesetzt ist oder dort bereits Zeichen des Verkommens gegeben hat, so ordnet das Gericht die Fürsorgeerziehung des Jugendlichen an.

§ 17. Gegen denjenigen Jugendlichen (erster Absatz des § 16), der zur Zeit der Begehung eines Verbrechens oder Vergehens im Besitze der zur Strafbarkeit erforderlichen geistigen und sittlichen Entwicklung war, können folgende Mafsnahmen getroffen werden:

1. *Verweis;*
2. *Entlassung zur Probe;*
3. *Fürsorgeerziehung;*
4. *Gefängnis- oder Staatsgefängnisstrafe.*

Geldstrafe kann gegen einen Jugendlichen weder als Haupt- noch als Nebenstrafe verhängt werden, ebenso kann auch auf Amtsverlust und die zeitweilige Entziehung der politischen Rechte nicht erkannt werden. Die Anwendung anderer Nebenstrafen ist nicht ausgeschlossen.

Die in den Punkten 1 - 3 bestimmten Mafsnahmen haben keine andere Rechtswirkung als die, welche ihnen dieses Gesetz beilegt; insbesondere kommt eine solche Mafsnahme bei der Feststellung des Rückfalles nicht in Betracht und sie hat hinsichtlich der Amtsfähigkeit nicht jene Folgen, welche ein anderes Gesetz der Verurteilung beilegt.

§ 18. Bei der Mafsnahme (§ 17) ist in Betracht zu ziehen: die Individualität des Jugendlichen, der Grad seiner geistigen und sittlichen Entwicklung, seine Lebensverhältnisse und alle übrigen Umstände des Falles. Dementsprechend soll das Gericht von den, in den Punkten 1—4 des § 17 bestimmten Mafsnahmen, innerhalb der Schranken des Gesetzes, jene wählen, welche vom Gesichtspunkt der ferneren Aufführung und der sittlichen Entwicklung des jugendlichen Beschuldigten erwünscht erscheint.

Die Handlung, welche nach dem Gesetz ein Verbrechen darstellt, erhält mit dieser Mafsnahme den Charakter eines Vergehens. Hinsichtlich jener Frage jedoch, ob die Handlung von Amts wegen oder auf Antrag zu verfolgen ist, als auch bezüglich der Strafbarkeit des Versuches, ist der im Gesetz bestimmte Charakter der Handlung mafsgebend.

§ 19. Der Verweis besteht darin, dafs das Gericht an den Verurteilten in öffentlicher Verhandlung eine feierliche, ernste Ermahnung richtet und ihn aufmerksam macht, dafs das Gericht im Falle der Begehung eines neuerlichen Verbrechens oder Vergehens gegen ihn eine strenge Strafe verhängen wird.

Der Verweis kann nicht angewendet werden:

1. wenn nach der Schwere der Handlung eine einen Monat übersteigende Gefängnis- oder Staatsgefängnisstrafe verhängt werden könnte;

2. wenn der Jugendliche mit einer einen Monat übersteigenden Freiheitsstrafe schon bestraft war.

§ 20. Das Gericht vollzieht den Verweis sofort nach Verkündigung des Urteiles, wenn die königliche Staatsanwaltschaft dagegen keine Berufung angemeldet hat.

Wenn der Verweis aus irgendeinem Grund nicht sofort vollzogen werden kann, so bestimmt das Gericht für den Vollzug einen Termin, zu welchem es den Verurteilten vorladet.

Wenn der Verurteilte zu dem anberaumten Termin ungerechtfertigt nicht erscheint oder den Verweis nicht mit gebührender Achtung entgegennimmt, so setzt das Gericht das Urteil aufser Kraft und fällt, unter Ausschlufs des Verweises, eine neue Entscheidung.

§ 21. Die Entlassung zur Probe besteht darin, dafs das Gericht, ohne ein Urteil zu fällen, den Jugendlichen nach entsprechender Belehrung für die Dauer einer einjährigen Bewährungsfrist unter einer an strenge Regeln gebundenen Aufsicht bedingungsweise auf freiem Fufs beläfst.

Die Entlassung zur Probe kann nicht angewendet werden, wenn der Jugendliche mit einer einen Monat übersteigenden Freiheitsstrafe schon bestraft war.

§ 22. Im Falle der Entlassung zur Probe überträgt das Gericht die Aufsicht dem gesetzlichen Vertreter des Jugendlichen, wenn es jedoch vom Gesichtspunkt seiner sittlichen Entwicklung erwünscht ist, einem staatlichen Kinderasyl oder einem anderen zu diesem Zwecke errichteten Amt, einem Kinderschutzverein oder einer hierzu geeigneten Person, und veranlafst im Notfall auch die entsprechende Unterbringung des Jugendlichen.

Der mit der Aufsicht Betraute überwacht ständig die Aufführung des Jugendlichen und erstattet dem Gericht nach anstandslosem Ablauf der Bewährungsfrist unverzüglich Meldung.

§ 23. Wenn der Jugendliche während der Bewährungsfrist neuerdings eine strafbare Handlung begeht, sich dem

Trunke ergibt, ein unsittliches oder landstreicherisches Leben führt oder auf andere Weise Zeichen des sittlichen Verkommens gibt oder gegen die Regeln der Aufsicht verstöfst, so verurteilt ihn das Gericht nach Feststellung dieser Tatsachen zur Fürsorgeerziehung oder zu einer Gefängnis- oder Staatsgefängnisstrafe.

War die Aufführung des Jugendlichen während der Bewährungsfrist tadellos, so ist das gegen ihn wegen der begangenen Handlung eingeleitete Verfahren einzustellen.

§ 24. Das Gericht ordnet die Fürsorgeerziehung an, wenn der Jugendliche in seiner bisherigen Umgebung der Gefahr des Verderbens ausgesetzt ist, Zeichen des Verkommens gegeben hat, oder die Fürsorgeerziehung aus einem anderen Grund im Interesse seiner geistigen und sittlichen Entwicklung notwendig erscheint.

Die Fürsorgeerziehung ordnet das Gericht für eine unbestimmte Dauer an, doch kann dieselbe sich nicht über den Zeitpunkt der Vollendung des einundzwanzigsten Lebensjahres des Jugendlichen erstrecken.

Dem Zweck der Fürsorgeerziehung dienen staatliche und andere vom Justizminister als hierfür geeignet befundene Anstalten.

Die Durchführungsart der Fürsorgeerziehung, sowie deren nähere Regeln bestimmt im übrigen der Justizminister im Einvernehmen mit dem Minister des Innern im Verordnungswege.

§ 25. Wenn der der Fürsorgeerziehung unterzogene Jugendliche wenigstens ein Jahr (dritter Absatz des § 24) in der Anstalt zugebracht hat und vollkommen gebessert erscheint, entläfst ihn der Justizminister nach Anhörung der Aufsichtsbehörde (§ 31) versuchsweise auf die Dauer einer zweijährigen Bewährungsfrist.

Nach anstandslosem Ablauf der Bewährungsfrist wird die Entlassung endgültig. Im entgegengesetzten Fall kann der Justizminister die Zurückführung des versuchsweise Entlassenen in die Anstalt anordnen, falls derselbe sein einundzwanzigstes Lebensjahr noch nicht vollendet hat.

§ 26. Ist eine strengere Mafsnahme notwendig, so verurteilt das Gericht den Jugendlichen wegen einer nach dem Gesetz mit dem Tode, mit Zuchthaus, Kerker oder Gefängnis bedrohten Handlung zu einer Gefängnisstrafe, wegen einer mit Staatsgefängnis bedrohten Handlung zu einer Staatsgefängnisstrafe.

Gegen einen Jugendlichen, der zur Zeit der Begehung der Handlung sein fünfzehntes Lebensjahr noch nicht vollendet hatte, kann eine Gefängnisstrafe nur in den schwersten Fällen verhängt werden.

Die Gefängnis- und Staatsgefängnisstrafe ist, der Schwere der Schuld entsprechend, in einer bestimmten Dauer festzusetzen.

Die kürzeste Dauer der Gefängnisstrafe beträgt fünfzehn Tage; die längste Dauer, wenn der Jugendliche zur Zeit der Begehung der Handlung sein fünfzehntes Lebensjahr schon überschritten hat, und das Gesetz seine Handlung mit Todes- oder Zuchthausstrafe bedroht: zehn Jahre, ansonsten fünf Jahre.

Die kürzeste Dauer der Staatsgefängnisstrafe beträgt einen Tag, die längste zwei Jahre.

§ 27. Die Gefängnisstrafe ist in besonders für Jugendliche errichteten Gefängnissen zu vollziehen. Die einen Monat nicht übersteigende Gefängnisstrafe kann auch in einer Einzelzelle einer anderen Strafanstalt vollzogen werden.

Das Gericht kann in seinem Urteil anordnen, dafs die verhängte Gefängnisstrafe auch jener Verurteilte im Gefängnis für Jugendliche verbüfse, der sein achtzehntes Lebensjahr schon überschritten, das einundzwanzigste Lebensjahr jedoch noch nicht vollendet hat. Die sonstigen auf Jugendliche Bezug habenden Bestimmungen finden auf diese Verurteilten keine Anwendung.

Wer sein einundzwanzigstes Lebensjahr schon überschritten hat, kann in ein für Jugendliche bestimmtes Gefängnis nicht aufgenommen werden.

Auf die in einem für Jugendliche bestimmten Gefängnis in Haft befindlichen findet § 41 des StGB. keine Anwendung.

Die Art und die näheren Bestimmungen des Vollzuges der Gefängnis- und der Staatsgefängnisstrafe stellt im übrigen der Justizminister im Verordnungswege fest.

§ 28. Das Gericht kann entweder in dem die Gefängnisstrafe verhängenden Urteil, oder auch später auf Grund des Vorschlages der Aufsichtsbehörde (§ 31) anordnen, dafs der Jugendliche nach Vollzug der Gefängnisstrafe nachträglich noch der Fürsorgeerziehung (§ 24 und 25) unterzogen werde, wenn hiervon seine gründliche sittliche Umwandlung zu erwarten ist.

§ 29. Der Justizminister kann nach Anhörung der Aufsichtsbehörde den im Sinne des § 26 Verurteilten, wenn er Fleifs gezeigt und Zeichen seiner Besserung gegeben hat, nach Abbüfsung von zwei Dritteln seiner Strafe bedingt entlassen.

Der bedingt Entlassene steht hinsichtlich seiner Aufführung und Lebensweise unter besonderen Bestimmungen. Verstöfst er vor Ablauf der im Urteil festgesetzten Strafzeit gegen diese Bestimmungen, so kann der Justizminister seine Zurückführung in die Anstalt anordnen. Im entgegengesetzten Falle ist die Strafe als verbüfst zu betrachten.

Im Falle der Anordnung der Zurückführung ist die bedingt in Freiheit zugebrachte Zeit in die Strafzeit nicht einzurechnen.

§ 30. Im Falle der versuchsweisen (§ 25) oder bedingten (§ 29) Entlassung sorgt der Vorstand unter Mitwirkung der Kinderschutzvereine oder der zu diesem Zwecke organisierten Ämter für die entsprechende Unterbringung des Entlassenen; er überwacht auf dieselbe Weise seine Aufführung und erstattet der Aufsichtsbehörde unverzüglich Meldung, wenn der Entlassene gegen die für ihn geltenden Bestimmungen verstößt.

Der Vorstand sorgt auch für die Unterbringung der endgültig Entlassenen.

Eine Aufsichtsbehörde ist bei jeder Besserungsanstalt und bei jedem zur Aufnahme von Jugendlichen bestimmten Gefängnis aufzustellen. Ihre Organisation und ihr Verfahren wird im Verordnungswege vom Justizminister geregelt.

Erfolgt die Fürsorgeerziehung in einem staatlichen Kinderasyl oder in einer nicht staatlichen Anstalt, so versieht die Agenden der Aufsichtsbehörde die vom Minister des Innern hierzu bestimmte Behörde.

§ 87*). *An seine Stelle ist zufolge Artikel V des Gesetzartikels XXXVI vom Jahre 1908 folgende Bestimmung getreten:*

§ 32. Gegen den, der bei Begehung des Verbrechens sein achtzehntes Lebensjahr schon überschritten, sein zwanzigstes Lebensjahr jedoch noch nicht vollendet hat, ist wegen eines im Gesetz mit dem Tode oder mit lebenslänglichem Zuchthaus bedrohten Verbrechens eine Zuchthausstrafe von zehn bis fünfzehn Jahren zu verhängen.

Diese Strafe kann auf Grund des § 92 des StGB. im Falle eines mit dem Tode bedrohten Verbrechens nicht auf eine geringere als dreijährige, im Falle eines mit lebenslänglichem Zuchthaus bedrohten Verbrechens nicht auf eine geringere als zweijährige Zuchthausstrafe herabgesetzt werden.

§ 88. Taubstumme, welche die zur Erkenntnis der Strafbarkeit ihrer Handlungen erforderliche Einsicht nicht besitzen, dürfen wegen eines Verbrechens oder Vergehens nicht bestraft werden.

§ 89. Bei Bemessung der Strafe sind jene Umstände in Erwägung zu ziehen, welche auf den Grad der Schuld von erschwerendem oder milderndem Einflusse sind.

§ 90. Überwiegen die erschwerenden Umstände an Zahl oder Gewicht, so ist die Strafe annähernd dem höchsten Strafausmaße oder im höchsten Strafausmaße festzusetzen.

§ 91. Überwiegen aber die mildernden Umstände, so ist die Strafe annähernd dem niedrigsten Strafausmaße oder im niedrigsten Strafausmaße festzusetzen.

---

*) § 87 lautete:

Wer bei Begehung des Verbrechens sein zwanzigstes Lebensjahr noch nicht zurückgelegt hat, kann zum Tode und zu lebenslänglichem Zuchthaus nicht verurteilt werden.

In einem solchen Falle ist die Todesstrafe in lebenslängliches Zuchthaus und lebenslängliches Zuchthaus in fünfzehnjähriges Zuchthaus zu verwandeln.

§ 92. Sind die mildernden Umstände so schwerwiegend oder so zahlreich, daß selbst das auf die Handlung angedrohte niedrigste Strafausmaß unverhältnismäßig schwer wäre, so kann innerhalb derselben Strafart auf das niedrigste Maß erkannt werden; sollte auch dies zu strenge sein, dann kann an Stelle der zeitigen Zuchthausstrafe Kerker, an Stelle der Kerkerstrafe Gefängnis, an Stelle des Gefängnisses Geldstrafe bis zum niedrigsten Ausmaße der jeweiligen Strafart treten.

Selbst im Falle dieses Paragraphen darf jedoch an Stelle der Todesstrafe auf keine geringere als fünfzehnjährige Zuchthausstrafe an Stelle der lebenslänglichen Zuchthausstrafe auf keine geringere als zehnjährige Zuchthausstrafe erkannt werden.

§ 93. Auch außer den im vorigen Paragraphen angeführten Fällen kann an Stelle der zeitigen Zuchthausstrafe auf Kerker erkannt werden, wenn die Zuchthausstrafe überhaupt mit Rücksicht auf das hohe Alter oder die Schwächlichkeit des Verbrechers übermäßig schwer erscheinen sollte.

In diesem Falle kann jedoch die Dauer der Kerkerstrafe bis zum höchsten Ausmaß der zeitigen Zuchthausstrafe erhöht werden.

§ 94. Hat ein Beschuldigter ohne sein Verschulden eine lange Untersuchungshaft erduldet, so ist dieselbe in die Freiheits- oder Geldstrafe einzurechnen. Im Urteile ist dann immer zu bestimmen, inwieweit die Strafe durch die Untersuchungshaft als abgebüßt be trachtet wird. Dabei kann jedoch die Untersuchungshaft höchstens eine gleiche Dauer der Freiheitsstrafe ersetzen.

VIII. Abschnitt.

Zusammentreffen mehrerer strafbarer Handlungen.

§ 95. Wenn eine und dieselbe strafbare Handlung mehrere Bestimmungen des Strafgesetzes verletzt, so kommt nur jene Bestimmung zur Anwendung, welche die schwerste Strafe, beziehungsweise die schwerste Strafart androht.

§ 96. Hat eine und dieselbe Person mehrere strafbare Handlungen oder mehrmals dieselbe strafbare Handlung begangen, so ist für alle einzelnen insgesamt auf eine Gesamtstrafe zu erkennen.

Die Gesamtstrafe ist in der schwersten Strafart zu erkennen, welche auf die vom Angeschuldigten begangenen Handlungen gesetzt ist; besteht diese in einer zeitigen Freiheitsstrafe, so kann die längste Dauer derselben unter den in den folgenden Paragraphen angeführten Beschränkungen noch ausgedehnt werden.

§ 97. Treffen mehrere Vergehen untereinander oder Vergehen und Übertretungen zusammen, so ist die schwerste der auf diese Handlungen angedrohten Strafen anzuwenden, und kann die auf die schwerste Handlung gesetzte Freiheitsstrafe um ein Jahr erhöht werden.

§ 98. Trifft ein Verbrechen mit anderen strafbaren Handlungen zusammen, so ist die Strafe des Verbrechens anzuwenden. Ist auf das Verbrechen zeitige Freiheitsstrafe gesetzt, so kann dieselbe entsprechend der Schwere der übrigen Handlungen um zwei Jahre verlängert werden.

§ 99. Treffen mehrere Verbrechen untereinander oder außerdem mit anderen strafbaren Handlungen zusammen, so ist unter den auf diese Handlungen angedrohten Strafen die schwerste anzuwenden; ist diese eine zeitige Freiheitsstrafe, so kann deren längste Dauer um fünf Jahre erhöht werden.

§ 100. In den Fällen der §§ 98 und 99 darf die Dauer der erhöhten Freiheitsstrafe fünfzehn Jahre nicht übersteigen.

§ 101. Unter verschiedenartigen Freiheitsstrafen sind die auf Verbrechen angedrohten als die schwereren zu betrachten, und unter diesen jene, welche eine längere Strafdauer enthalten.

Bei gleicher Dauer der angedrohten Strafen entscheidet die im § 20 festgesetzte Reihenfolge.

Treffen mit Staatsgefängnis und Zuchthaus oder Kerker bedrohte strafbare Handlungen zusammen, und hat unter diese die Strafe des Staatsgefängnisses die längste Dauer, so ist das Staatsgefängnis in jene Strafart umzuwandeln, welche auf eine andere der zu bestrafenden Handlungen gesetzt ist, deren Strafdauer jener des Staatsgefängnisses am nächsten steht. Die Dauer dieser Strafe bestimmt der Richter im Verhältnis zur angedrohten Dauer des Staatsgefängnisses.

Die Bestimmungen dieses Paragraphen sind auch anzuwenden, wenn mehrere Vergehen unter sich oder Vergehen mit anderen strafbaren Handlungen zusammentreffen.

§ 102. Die Geldstrafe ist für jede strafbare Handlung besonders zu bemessen.

Bei Umwandlung mehrerer Geldstrafen in eine Freiheitsstrafe darf die längste Dauer der letzteren die doppelte Dauer der im § 53 unterschiedenen Strafsätze nicht übersteigen.

§ 103. Die Verfügungen dieses Gesetzes über Amtsverlust, zeitweilige Entziehung der politischen Rechte, Ausweisung und über Einziehung von Gegenständen sind innerhalb der Beschränkungen des § 57 selbst dann anzuwenden, wenn diese Nebenstrafen nach der Anordnung des besonderen Teiles dieses Gesetzes auch nur auf eine der begangenen Handlungen gesetzt sind.

§ 104. Die Bestimmungen dieses Abschnittes sind auch dann anzuwenden:

1. wenn jemand durch verschiedene Urteile zu verschiedenen Freiheitsstrafen verurteilt wurde;

2. wenn der Verurteilte während der Vollstreckung seiner Freiheitsstrafe wegen einer anderen, bereits vor seiner rechtskräftigen

Verurteilungen begangenen strafbaren Handlung neuerlich zu einer Freiheitsstrafe verurteilt wird.

IX. Abschnitt.

Gründe, welche die Strafverfolgung und die Strafvollstreckung ausschliefsen.

§ 105. Die Strafverfolgung wird ausgeschlossen:

1. durch den Tod des Beschuldigten;
2. durch Begnadigung;
3. durch Verjährung.

§ 106. Durch Verjährung wird die Strafverfolgung ausgeschlossen:

1. nach Ablauf von zwanzig Jahren, wenn das begangene Verbrechen mit dem Tode oder mit lebenslänglichem Zuchthaus;
2. nach Ablauf von fünfzehn Jahren, wenn das begangene Verbrechen mit einer Freiheitsstrafe von mehr als zehn Jahren;
3. nach Ablauf von zehn Jahren, wenn das begangene Verbrechen mit einer Freiheitsstrafe von fünf Jahren;
4. nach Ablauf von fünf Jahren, wenn das begangene Verbrechen mit einer kleineren Strafe bedroht ist.

Die Strafverfolgung von Vergehen verjährt in drei Jahren.

§ 107. Die Verjährung beginnt:

1. bei vollendeten Verbrechen oder Vergehen mit dem Tage der Ausführung;
2. bei versuchten Verbrechen oder Vergehen mit dem Tage, an welchem die letzte auf Ausführung des Verbrechens oder Vergehens abzielende Handlung begangen wurde.

§ 108. Die Verjährung wird durch Beschlüsse und Verfügungen des Gerichts unterbrochen, welche wegen des begangenen Verbrechens oder Vergehens gegen einen Täter oder einen Teilnehmer gerichtet sind; am Tage eines solchen Beschlusses oder einer solchen Verfügung beginnt jedoch die Verjährung von neuem zu laufen.

Die Verjährung wird nur hinsichtlich jener Person unterbrochen, gegen welche sich die richterliche Verfügung richtet.

§ 109. Ist die Einleitung oder Fortsetzung der Strafverfolgung von der rechtskräftigen behördlichen Entscheidung irgend einer Vorfrage abhängig, so ruht die Verjährung bis zur rechtskräftigen Entscheidung der Vorfrage.

§ 110. Wegen eines Verbrechens oder Vergehens, welches nur auf Antrag des Verletzten verfolgt werden darf, kann die Strafverfolgung ohne Antrag des Berechtigten nicht eingeleitet werden.

§ 111. Wenn jedoch im Falle des § 95 außer einer nur auf Antrag des Verletzten zu verfolgenden Gesetzesverletzung noch eine von Amts wegen zu verfolgende strafbare Handlung begangen wurde, so wird hinsichtlich der letzteren die Strafverfolgung nicht ausgeschlossen, wenn auch die Privatpartei von ihrem Antragsrechte keinen Gebrauch macht oder auf dasselbe zu verzichten erklärt.

§ 112. Der Antrag des Verletzten muß binnen drei Monaten von dem Tage an gestellt werden, an welchem der zum Antrag Berechtigte von dem begangenen Verbrechen oder Vergehen und von der Person des Täters Kenntnis erhalten hat, falls inzwischen nicht die Strafbarkeit der Handlung durch Verjährung erloschen ist.

Eine Ausnahme tritt nur dann ein, wenn die Strafverfolgung wegen einer in der Regel nur auf Antrag des Verletzten zu verfolgenden Handlung von Amts wegen einzuleiten ist.

§ 113. Zur Stellung des Strafantrages berechtigt ist der Verletzte selbst, wenn er sein sechzehntes Lebensjahr vollendet hat; im anderen Falle steht dieses Recht seinem gesetzlichen Vertreter zu.

Für Minderjährige und unter Kuratel gestellte Verschwender ist hinsichtlich der gegen das Vermögen gerichteten Verbrechen und Vergehen deren gesetzlicher Vertreter der zum Antrage Berechtigte.

Für andere unter Kuratel stehende Personen steht dem gesetzlichen Vertreter derselben das Recht der Antragstellung auch hinsichtlich anderer Verbrechen und Vergehen zu.

Wurde jedoch ein Verbrechen oder Vergehen durch den gesetzlichen Vertreter oder Kurator des Verletzten an diesem begangen, so ist die Strafverfolgung von Amts wegen einzuleiten.

§ 114. Wenn hinsichtlich eines und desselben Verbrechens oder Vergehens das Recht der Antragstellung mehreren Privatpersonen zusteht, so wird durch die Unterlassung oder den Verzicht der einen das Recht der übrigen nicht aufgehoben.

§ 115. Haben bei Begehung eines Verbrechens mehrere (als Täter, Teilnehmer) zusammengewirkt, und kann die Strafverfolgung gegen alle nur auf Antrag der Privatpartei eingeleitet werden, so zieht die Stellung des Antrages gegen einen von ihnen die Einleitung des Strafverfahrens gegen alle insgesamt nach sich.

Befinden sich unter den bei der strafbaren Handlung Mitwirkenden auch solche, gegen welche die Strafverfolgung von Amts wegen einzuleiten ist, so wird die Einleitung der Strafverfolgung gegen diese durch Unterlassung der Antragstellung seitens der Privatpartei nicht gehindert.

§ 116. Die Privatpartei kann — insoweit das Gesetz keine Ausnahme verfügt — vor Verkündigung des Urteils ihren Antrag wieder zurückziehen. Im Falle des § 115 hat jedoch die Zurückziehung des Antrages gegen einen der Mitwirkenden die Einstellung des Verfahrens auch gegen die übrigen zur Folge.

Nach Verkündigung des Urteils ist die Zurückziehung wirkungslos.

§ 117. Die Vollstreckung rechtskräftig erkannter Strafen wird ausgeschlossen:

1. durch den Tod des Verurteilten;
2. durch Begnadigung;
3. durch Verjährung.

§ 118. Die Einziehung der in den §§ 61 und 62 bezeichneten Gegenstände wird durch den Tod des Eigentümers nicht aufgehoben. Diese Gegenstände sind auch dann einzuziehen, wenn der Beschuldigte vor der Verurteilung gestorben ist.

Hinsichtlich der Eintreibung von Geldstrafen ist die Bestimmung des § 53 maßgebend.

§ 119. Die Begnadigung erstreckt sich weder auf die Zurückstellung eingezogener Gegenstände noch auf die Erlassung der Kosten des Verfahrens und des Prozesses oder einer dem Verletzten zukommenden Geldstrafe.

§ 120. Durch Verjährung wird die Strafvollstreckung ausgeschlossen:

1. in fünfundzwanzig Jahren, wenn das Urteil auf Tod oder lebenslängliches Zuchthaus;

2. in zwanzig Jahren, wenn das Urteil auf zeitiges Zuchthaus oder Staatsgefängnis in einer Dauer von mehr als zehn Jahren;

3. in fünfzehn Jahren, wenn das Urteil auf eine Freiheitsstrafe zwischen fünf und zehn Jahren;

4. in zehn Jahren, wenn das Urteil auf eine geringere Strafe als die unter Z. 3 bezeichnete lautet.

Bei einer Verurteilung wegen eines Vergehens verjährt die Vollstreckung in fünf Jahren.

§ 121. Die Verjährung beginnt an dem Tage, an welchem das Urteil rechtskräftig geworden ist, und wenn die Vollstreckung Strafe schon begonnen hat, an dem Tage, an welchem letztere durch die Entweichung des Verurteilten unterbrochen wurde.

§ 122. Eine Geldstrafe, welche neben einer Freiheitsstrafe verhängt wird, verjährt gleichzeitig mit der Hauptstrafe.

§ 123. Die Wirkung der Verjährung erstreckt sich weder auf den durch ein rechtskräftiges Urteil verhängten Amtsverlust noch auf die zeitweilige Entziehung der politischen Rechte.

§ 124. Die Verjährung wird unterbrochen durch jede auf die Vollstreckung der Strafe gerichtete und die Person des Verurteilten betreffende Verfügung der zuständigen Behörde, insbesondere durch die Verhaftung des Verurteilten.

Am Tage einer solchen Verfügung beginnt jedoch die Verjährung von neuem zu laufen.

§ 125. Hinsichtlich der im Urteile ausgesprochenen vermögensrechtlichen Schadloshaltung wird die Verjährung und deren Unterbrechung durch die bürgerlichen Gesetze geregelt.

Zweiter Teil.

Die einzelnen Verbrechen und Vergehen und ihre Bestrafung.

I. Abschnitt.

Hochverrat.

§ 126. Das Verbrechen des Hochverrates begeht:

1. wer den König ermordet oder vorsätzlich tötet oder die Vollbringung einer dieser Handlungen versucht;

2. wer den König an Körper oder Gesundheit verletzt oder zur Regierung unfähig macht;

3. wer den König in Feindesgewalt liefert, ihn an der Ausübung der Regierungsrechte hindert oder durch Gewalt oder Drohungen seiner persönlichen Freiheit beraubt;

4. wer eine in den letzten zwei Punkten angeführte Handlung zu vollbringen versucht.

§ 127. Das Verbrechen des Hochverrates bildet ferner eine Handlung, welche unmittelbar darauf gerichtet ist:

1. die gesetzliche Thronfolgeordnung gewaltsam zu ändern;

2. die ungarische Staatsverfassung, die zwischen den Ländern des ungarischen Staates bestehende Staatsgemeinschaft oder den Verband zwischen dem ungarischen Staate und dem anderen Staate der österreichisch-ungarischen Monarchie gewaltsam zu ändern;

3. das Gebiet des ungarischen Staates oder des anderen Staates der österreichisch-ungarischen Monarchie oder einen Teil dieser Gebiete einem fremden Staate gewaltsam einzuverleiben oder von dem bestehenden Staatsverbande gewaltsam loszureißen.

§ 128. Der Hochverrat wird im Falle des § 126 Z. 1 mit dem Tode, im Falle des § 126 Z. 2 und 3 mit lebenslänglichem Zuchthaus, und im Falle des § 126 Z. 4 mit Zuchthaus von zehn bis fünfzehn Jahren bestraft.

§ 129. Wer das im § 127 Z. 1 und 2 bezeichnete Verbrechen des Hochverrates begeht, wird mit Staatsgefängnis von zehn bis zu fünfzehn Jahren bestraft.

Wer jedoch das im § 127 Z. 3 bezeichnete Verbrechen des Hochverrates begeht, wird mit lebenslänglichem Zuchthaus bestraft.

§ 130. Die zur Verübung des im § 126 bezeichneten Hochverrates gebildete Verbindung wird, wenn keine auf die Ausführung des Verbrechens gerichtete Vorbereitungshandlung hinzutritt, mit Zuchthaus bis zu fünf Jahren, und wenn auch eine Vorbereitungshandlung begangen wurde, mit Zuchthaus von fünf bis zu zehn Jahren bestraft.

§ 131. Die zur Verübung des im § 127 Z. 1 und 2 bezeichneten Hochverrates gebildete Verbindung ist nach der im § 130 gemachten Unterscheidung mit Staatsgefängnis bis zu fünf, beziehungsweise von fünf bis zu zehn Jahren zu bestrafen.

Nach derselben Unterscheidung wird mit Zuchthaus bis zu fünf beziehungsweise von fünf bis zu zehn Jahren eine Verbindung bestraft, welche zur Verübung des im § 127 Z. 3 bezeichneten Verbrechens gebildet wurde.

§ 132. Eine solche Verbindung ist gebildet, wenn zwei oder mehrere Personen im gemeinsamen Einverständnisse die Ausführung des hochverräterischen Unternehmens beschließen.

§ 133. Wer ohne sich hierüber mit anderen in Verbindung zu setzen, Vorbereitungen zur Begehung des im § 127 bezeichneten Hochverrates trifft, wird mit Zuchthaus bis zu fünf Jahren bestraft.

§ 134. Wer in einer Versammlung öffentlich und mündlich, oder wer durch Verbreitung von Schriften, Druckwerken oder bildlichen Darstellungen oder durch öffentliche Ausstellung derselben zum Hochverrat unmittelbar auffordert, wird, wenn er den Inhalt beziehungsweise die Bedeutung der Schriften, Druckwerke oder bildlichen Darstellungen gekannt hat, mit Zuchthaus von fünf bis zu zehn Jahren bestraft. Im Falle der unmittelbaren Aufforderung zur Verübung des im § 127 Z. 1 und 2 bezeichneten Hochverrates tritt jedoch Staatsgefängnis von fünf bis zu zehn Jahren ein.

Ist die Aufforderung ganz erfolglos geblieben, so darf die Strafe fünfjähriges Staatsgefängnis nicht übersteigen.

§ 135. Wer davon, dafs eine hochverräterische Handlung geplant wird, zu einer Zeit Kenntnis erhält, wo deren Verhinderung noch möglich ist, und es unterläßt der Obrigkeit die Anzeige zu erstatten, wird mit Staatsgefängnis bis zu drei Jahren bestraft — ausgenommen den Fall, daß das geplante Verbrechen unterblieben ist.

Die Angehörigen (§ 78) des Täters oder Teilnehmers werden wegen Unterlassung der Anzeige nicht bestraft.

§ 136. Die Strafbarkeit der in den §§ 126, 127, 130, 131, 133 und 134 bezeichneten Handlungen erlischt, wenn der Schuldige aus freien Stücken, ehe die Handlung entdeckt wurde, die Vorbereitung oder die begonnene Ausführung aufgibt, und wenn die etwa aus der Tätigkeit der Täter, Teilnehmer oder der Mitglieder einer Verbindung entsprungenen schädlichen Folgen durch jenen selbst oder infolge seiner zur rechten Zeit erstatteten Anzeige durch die Behörde abgewendet wurden.

§ 137. Die Teilnahme an einer hochverräterischen Verbindung bleibt straflos für denjenigen, welcher, ehe außer der Bildung der Verbindung selbst etwas unternommen, und bevor die Verbindung durch die Obrigkeit entdeckt wurde, von derselben zurücktritt und seinen Rücktritt nicht nur den übrigen Mitgliedern der Verbindung mitteilt, sondern dieselben auch zum Aufgeben ihres Unternehmens zu bewegen sucht oder die Verbindung der Behörde anzeigt.

§ 138. Wegen der in diesem Abschnitte bezeichneten Verbrechen ist neben der Freiheitsstrafe auch auf Amtsverlust und auf zeitweilige Entziehung der politischen Rechte zu erkennen.

II. Abschnitt.

Tätlichkeiten gegen den König und gegen Mitglieder des königlichen Hauses. Beleidigung des Königs.

§ 139. Wer eine Tätlichkeit gegen den König verübt, begeht — insoweit die Handlung nicht das Verbrechen des Hochverrates bildet — das Verbrechen der tätlichen Beleidigung des Königs und wird mit Zuchthaus von zehn bis zu fünfzehn Jahren, Amtsverlust und zeitweiliger Entziehung der politischen Rechte bestraft.

§ 140. Wer den König beleidigt, begeht ein Vergehen und wird mit Gefängnis bis zu zwei Jahren und mit Amtsverlust bestraft.

Wer jedoch die Beleidigung durch Verbreitung oder öffentliche Ausstellung einer Schrift, eines Druckwerkes oder einer bildlichen Darstellung verübt, begeht ein Vergehen und wird mit Staatsgefängnis bis zu drei Jahren und mit Amtsverlust bestraft.

§ 141. Wer gegen ein Mitglied des königlichen Hauses eine Tätlichkeit verübt, begeht — insoferne die Handlung nicht unter eine schwerere Zurechnung fällt — das Verbrechen der tätlichen Beleidigung eines Mitgliedes des königlichen Hauses und wird mit Zuchthaus bis zu fünf Jahren, Amtsverlust und zeitweiliger Entziehung der politischen Rechte bestraft.

Wer ein Mitglied des königlichen Hauses beleidigt, begeht ein Vergehen und wird mit Gefängnis bis zu einem Jahre bestraft. Wurde aber die Beleidigung durch Verbreitung oder durch öffentliche Ausstellung von Schriften, Druckwerken oder bildlichen Darstellungen begangen, so tritt Staatsgefängnis bis zu zwei Jahren ein.

III. Abschnitt.

Staatsverrat.

§ 142. Ein ungarischer Staatsangehöriger, welcher sich mit einer ausländischen Regierung einläßt oder mit einer solchen unmittelbar oder mittelbar in Berührung tritt, um dieselbe zu einer feindlichen Handlung gegen den ungarischen Staat oder gegen die österreichisch-ungarische Monarchie zu bewegen; desgleichen derjenige, welcher eine fremde Macht zu einem Kriege gegen die österreichisch-ungarische Monarchie zu bewegen sucht, begeht das Verbrechen des Staatsverrates und wird mit Zuchthaus von zehn bis zu fünfzehn Jahren bestraft.

Ist jedoch der Krieg ausgebrochen, oder die Kriegserklärung erfolgt, so wird der Staatsverrat mit lebenslänglichem Zuchthaus bestraft.

§ 143. Ein ungarischer Staatsangehöriger, der nach erfolgter Kriegserklärung oder nach Ausbruch des Krieges im feindlichen Heere Dienste nimmt, begeht das Verbrechen des Staatsverrates und wird mit Staatsgefängnis von zehn bis zu fünfzehn Jahren bestraft.

Ein ungarischer Staatsangehöriger, welcher schon vor der eben erwähnten Zeit in fremden Kriegsdiensten stand, wird, wenn er freiwillig daselbst verbleibt und gegen die bewaffnete Macht der österreichisch-ungarischen Monarchie oder gegen die mit dieser zusammenwirkenden oder verbündeten Streitkräfte kämpft, mit Staatsgefängnis bis zu fünf Jahren bestraft.

§ 144. Wegen des Verbrechens des Staatsverrates wird ferner mit lebenslänglichem Zuchthaus bestraft ein ungarischer Staatsangehöriger, welcher

1. Festungen, Städte, Forts, befestigte Plätze, Ufer, Pässe oder militärische Stellungen, Waffen-, Kriegsmaterial- oder Lebensmittelmagazine, Schiffe, Offiziere oder Soldaten der österreichisch-ungarischen Armee in feindliche Gewalt bringt, oder zu diesem Zwecke sich mit dem Feinde einläßt;

2. Operationspläne oder Pläne von Kriegslagern, Festungen oder Forts dem Feinde mitteilt;

3. dem Eindringen oder Vordringen des Feindes auf dem Gebiete des ungarischen Staates oder der österreichisch-ungarischen Monarchie Vorschub leistet;

4. dem Feinde durch Geld, weiters durch Vermehrung seiner Kriegsmacht, seines Kriegsmaterials oder der Lebensmittel für sein Heer, oder durch Erleichterung der Anschaffung derselben Vorschub leistet;

5. den Feind durch Verleitung Angehöriger der österreichisch-ungarischen Kriegsmacht zum Treubruch unterstützt;

6. Waffen-, Kriegsmaterial- oder Lebensmittelmagazine der österreichisch-ungarischen Kriegsmacht, ferner Brücken, Dämme, Schutzwehren, Eisenbahnen oder Straßen zum Nachteile der österreichisch-ungarischen Kriegsmacht oder zum Vorteile des Feindes in Brand setzt, abbricht, zerstört oder auf andere Art unbrauchbar macht;

7. die Stellungen, Lage oder Bewegungen der österreichisch-ungarischen Kriegsmacht dem Feinde mitteilt, einen feindlichen Spion oder einen auf Kundschaft ausgeschickten feindlichen Soldaten verbirgt oder diese zur Ausführung ihrer Zwecke oder zu ihrer Rettung durch Rat oder Tat unterstützt;

8. eine der in diesem Paragraphen bezeichneten Handlungen gegen das Gebiet eines mit der österreichisch-ungarischen Monarchie verbündeten Staates, oder gegen eine mit dem österreichisch-ungarischen Heere zusammenwirkende Kriegsmacht begeht.

§ 145. Gegen Ausländer wird in den Fällen der §§ 142 und 144 nach internationalem Kriegsbrauch verfahren.

Gegen Angehörige des anderen Staates der Monarchie sind nichtsdestoweniger in den Fällen der §§ 142, 143 und 144 die Bestimmungen dieses Gesetzes anzuwenden.

§ 146. Wegen des Verbrechens des Staatsverrates wird mit Zuchthaus von zehn bis zu fünfzehn Jahren bestraft: wer durch seine amtliche Stellung oder durch eine besondere Betrauung in den Besitz beziehungsweise in die Kenntnis geheimer Urkunden, Daten oder Nachrichten, welche die Sicherheit oder wichtige Interessen des ungarischen Staates oder des anderen Staates der österreichisch-ungarischen Monarchie betreffen, gelangt und dieselben unmittelbar oder mittelbar dem Feinde mitteilt.

Wer jedoch solche geheime Urkunden, Daten oder Nachrichten der Regierung einer fremden Macht mitteilt, ohne die Absicht, dieselben zur Kenntnis des Feindes gelangen zu lassen, oder wer den Inhalt von Urkunden, Daten und Nachrichten solcher Art anderweitig in die Öffentlichkeit bringt, wird mit Staatsgefängnis bis zu fünf Jahren bestraft.

§ 147. Mit Zuchthaus von zehn bis zu fünfzehn Jahren wird auch bestraft, wer durch Gewalt, Diebstahl, Unterschlagung oder List in den Besitz beziehungsweise in die Kenntnis der im § 146 bezeichneten Urkunden, Daten oder Nachrichten gelangt und dieselben mittelbar oder unmittelbar dem Feinde mitteilt.

Wer aber geheime Urkunden, Daten oder Nachrichten, in deren Kenntnis er zwar nicht auf die in diesem Paragraphen bezeichnete Weise gelangt ist, von denen er jedoch wußte, daß ihre Geheimhaltung geboten sei, dem Feinde unmittelbar oder mittelbar mitteilt, wird mit Zuchthaus von fünf bis zu zehn Jahren bestraft.

§ 148. Die zur Begehung einer der in den §§ 142, 143 Alinea 1 und § 144 bezeichneten Handlungen gebildete Verbindung (§ 132) wird, wenn keine Vorbereitungshandlung hinzutritt, mit Zuchthaus bis zu fünf Jahren, im anderen Falle mit Zuchthaus von fünf bis zu zehn Jahren bestraft.

§ 149. Öffentliche und unmittelbare Aufforderungen zur Begehung des in den §§ 142, 143 und 144 bezeichneten Staatsverrates, welche auf die im § 134 angeführte Art erfolgen, werden mit Zuchthaus von fünf bis zu zehn Jahren bestraft.

§ 150. In den Fällen dieses Abschnittes ist auch auf Amtsverlust und auf zeitweilige Entziehung der politischen Rechte zu erkennen.

§ 151. Die Anordnung des § 137 über die Straflosigkeit einer Verbindung gilt unter den dort aufgestellten Bedingungen — mit Ausnahme der Fälle des § 142 — auch für staatsverräterische Verbindungen.

IV. Abschnitt.

Aufstand.

§ 152. Eine Zusammenrottung zu dem Zwecke, um

1. den Reichstag, eines der beiden Häuser oder einen Ausschuß desselben;

2. die Delegationen, eine derselben oder einen Ausschuß derselben;

3. die ungarische Regierung durch Gewalt oder durch gefährliche Drohungen in der freien Ausübung ihrer Wirksamkeit zu hindern oder zu einem Beschlusse, einer Verfügung oder Unterlassung zu zwingen, bildet das Verbrechen des Aufstandes und wird mit Staatsgefängnis von zehn bis zu fünfzehn Jahren bestraft.

§ 153. Aufstand ist auch eine Zusammenrottung zu dem Zwecke, um einzelne Klassen, Nationalitäten oder Religionsgenossenschaften der Bevölkerung bewaffnet anzugreifen.

Wegen dieser Handlung werden die Anstifter und Rädelsführer mit Staatsgefängnis von fünf bis zu zehn Jahren, die übrigen mit Staatsgefängnis bis zu zwei Jahren bestraft.

§ 154. Hat die aufständische Rotte eine Gemeinde, ein Haus, ein Waffen-, Kriegsmaterial- oder Pulvermagazin, eine Eisenbahn, ein Telegraphen- oder Postamt angegriffen oder in ihre Gewalt gebracht, so werden — insoferne nicht ein schwerer zu bestrafendes Verbrechen vorliegt — die Anstifter und Rädelsführer mit Staatsgefängnis von zehn bis zu fünfzehn Jahren, die übrigen mit Staatsgefängnis von zwei bis zu fünf Jahren bestraft.

§ 155. Hat jedoch die aufständische Rotte Raub, Brandstiftung, Zerstörung oder Gewalt gegen einzelne Personen verübt, so werden — insoferne nicht ein schwerer zu bestrafendes Verbrechen vorliegt — die Anstifter und Rädelsführer mit Zuchthaus von zehn bis zu fünfzehn Jahren, die übrigen mit Zuchthaus bis zu fünf Jahren bestraft.

§ 156. Eine zum Zwecke der Anstiftung eines Aufstandes gebildete Verbindung wird, wenn keine Vorbereitungshandlung für die Ausführung des Verbrechens begangen wurde, mit Staatsgefängnis von einem bis zu drei Jahren, im anderen Falle aber mit Staatsgefängnis von zwei bis zu fünf Jahren bestraft.

§ 157. Wurde aber die Verbindung zu dem Zwecke gebildet, um das im § 155 bezeichnete Verbrechen auszuführen, so werden die Mitglieder derselben nach der Unterscheidung des vorigen Paragraphen mit Zuchthaus bis zu drei bezwiehungsweise bis zu fünf Jahren bestraft.

§ 158. Wer zur Begehung der in den vorigen Paragraphen dieses Abschnittes bezeichneten Handlungen auf die im § 134 erwähnte Art eine Aufforderung erläßt oder verbreitet, wird, falls infolge dieser Aufforderung die Handlung verübt oder versucht wurde, als Anstifter bestraft.

Ist aber die Aufforderung ganz erfolglos geblieben, so tritt Staatsgefängnis von sechs Monaten bis zu zwei Jahren ein.

§ 159. Wegen eines Aufstandes bleiben, mit Ausnahme der Anstifter und Rädelsführer, diejenigen straflos, welche über Aufforderung der bürgerlichen oder militärischen Behörde den Schauplatz des Aufstandes verlassen und an demselben nicht weiter Anteil nehmen.

Die Straflosigkeit erstreckt sich jedoch nicht auf jene strafbaren Handlungen, welche jemand während eines Aufstandes nebst der Teilnahme an diesem verübt hat.

§ 160. Die Bestimmung des § 137 über die Straflosigkeit einer Verbindung ist in den dort angeführten Fällen und unter den dort bezeichneten Bedingungen auch auf die Teilnehmer einer zur Herbeiführung eines Aufstandes gebildeten Verbindung anzuwenden.

§ 161. Wer in anderer Absicht, als zur Begehung der in den Abschnitten I, III und IV bezeichneten Verbrechen ohne Gestattung des Gesetzes oder der ungarischen Regierung auf ungarischem Staatsgebiete Truppen sammelt, bewaffnet, ausrüstet oder einübt; desgleichen, wer in einer solchen Truppe eine Führer- oder Offiziersstelle übernimmt, macht sich des Aufstandes schuldig und wird mit Staatsgefängnis von zwei bis zu fünf Jahren und an Geld bis zu viertausend Gulden bestraft.

§ 162. Wegen des Verbrechens des Aufstandes ist neben der Freiheitsstrafe auf Amtsverlust, und in den Fällen der §§ 152 und 155 auch auf zeitweilige Entziehung der politischen Rechte zu erkennen.

V. Abschnitt.

Gewalttätigkeit gegen Behörden, gegen Mitglieder des Reichstags und gegen behördliche Organe.

§ 163. Eine Zusammenrottung zu dem Zwecke, um eine Behörde durch Gewalt oder gefährliche Drohungen in der Ausübung ihrer Wirksamkeit zu hindern, zu einem Beschlusse, einer Verfügung oder einer Unterlassung zu zwingen: bildet das Verbrechen der Gewalttätigkeit gegen Behörden und wird mit Kerker bis zu fünf Jahren bestraft.

Wurde jedoch die Gewalt oder die gefährliche Drohung zu dem oben bezeichneten Zwecke nur durch eine einzelne Person begangen, so tritt Kerker bis zu drei Jahren ein.

Die gleiche Strafe tritt nach den obigen Unterscheidungen ein, wenn die Gewalt oder die gefährliche Drohung zu dem bezeichneten Zwecke gegen ein Mitglied des Reichstages oder der Delegationen begangen wird.

§ 164. Unter dem Ausdrucke „Behörde" werden alle Verwaltungs-, Gerichts- und militärische Behörden verstanden; unter dem Ausdrucke „Verwaltungsbehörde" aber alle Staats-, Munizipal- und Gemeindebehörden mit Ausnahme der Gerichte begriffen.

§ 165. Wegen des Verbrechens der Gewalttätigkeit gegen Behörden wird mit Kerker bis zu drei Jahren bestraft: wer eine Deputation, einen Ausschuß, eine Kommission, einen Beamten oder ein sonstiges Organ einer Behörde oder ein Mitglied oder Organ einer Deputation, eines Ausschusses oder einer Kommission in der Vollstreckung der Anordnungen des Gesetzes oder der Behörde durch

Gewalt oder gefährliche Drohung hindert, zu einer Verfügung zwingt oder während einer Amtsverrichtung tätlich beleidigt.

Auf dieselbe Strafe ist zu erkennen, wenn die Handlung gegen die zur Verteidigung der obengenannten Körperschaften und Personen bestellten oder erschienenen Personen begangen wurde.

§ 166. Als behördliche Organe sind außer den oben erwähnten noch zu betrachten:

1. die öffentlich aufgestellten Militär- und Zivilwachen;

2. die Mitglieder des Aufsichts- und Manipulationspersonals der im öffentlichen Betriebe befindlichen Eisenbahnen und Staatstelegraphen;

3. die Polizeimannschaft, einschließlich der Flur-, Forst-, Fluß-, Dammwächter und Jagdaufseher, insoferne dieselben unter den gesetzlichen Bedingungen verwendet sind.

§ 167. Als gefährliche Drohung ist eine solche Drohung mit einem Verbrechen oder Vergehen zu betrachten, welche unter den obwaltenden Umständen geeignet ist, in der Person des Bedrohten begründete Furcht vor dem unmittelbaren Eintritte der Gefahr zu erregen.

§ 168. Wurde das im § 163 bezeichnete Verbrechen durch eine bewaffnete Rotte, oder das im § 165 bezeichnete durch mehrere Personen begangen, so werden — insoferne nicht eine schwerer zu bestrafende Handlung vorliegt — die Anstifter und Rädelsführer mit Zuchthaus bis zu fünf Jahren, die übrigen mit Kerker bis zu fünf Jahren bestraft.

Mit Zuchthaus bis zu fünf Jahren wird auch bestraft, wer das im § 163 bezeichnete Verbrechen zwar allein, aber bewaffnet begeht; desgleichen, wer bei Begehung des im § 165 bezeichneten Verbrechens mit einer Waffe versehen war.

§ 169. Wegen des in diesem Abschnitte bezeichneten Verbrechens ist neben der Freiheitsstrafe auch auf Amtsverlust zu erkennen.

§ 170. Eine Verbindung zur Begehung von Gewalttätigkeiten gegen Behörden wird, wenn noch keine Vorbereitungshandlung stattgefunden hat, mit Gefängnis von drei Monaten bis zu einem Jahre; in anderem Falle mit Gefängnis von einem bis zu drei Jahren bestraft.

VI. Abschnitt.

Aufreizung gegen die Verfassung, die Gesetze, die Behörden oder die behördlichen Organe.

§ 171. Wer vor einer Versammlung öffentlich mit Worten, oder wer durch Verbreitung oder öffentliche Ausstellung von Druckwerken, Schriften oder bildlichen Darstellungen zur Begehung eines Verbrechens oder Vergehens unmittelbar auffordert, wird, wenn infolge dieser Aufforderung das Verbrechen oder Vergehen begangen wurde, als Anstifter bestraft.

Ist aber die Aufforderung erfolglos geblieben, so wird dieselbe — soweit sie nicht unter besondere Anordnungen dieses Gesetzes fällt — mit Staatsgefängnis bis zu zwei Jahren und an Geld bis zu zweitausend Gulden bestraft.

§ 172. Wer auf die im § 171 bezeichnete Art zum Ungehorsam gegen das Gesetz oder gegen die von den Behörden in ihrem gesetzlichen Wirkungskreise erlassenen Verordnungen, Verfügungen und Beschlüsse unmittelbar auffordert oder solche Aufforderungen verbreitet, wird mit Staatsgefängnis bis zu zwei Jahren und an Geld bis zu tausend Gulden bestraft.

Die gleiche Strafe trifft auch denjenigen, der auf die im § 171 bezeichnete Weise eine Bevölkerungsklasse, Nationalität oder Religionsgenossenschaft zum Hasse gegen eine andere, sowie auch den, der gegen die Rechtsinstitute des Eigentums oder der Ehe aufreizt.

§ 173. Mit Staatsgefängnis bis zu fünf Jahren wird bestraft: wer auf die im § 171 bezeichnete Weise die Unverletzlichkeit der Person des Königs, die Thronfolgeordnung, die verfassungsmäßige Staatsform oder die rechtsverbindliche Kraft der Gesetze angreift; desgleichen wer gegen einzelne Einrichtungen der Verfassung, gegen den Verband mit dem anderen Staate der Monarchie, gegen die zwischen den Ländern des ungarischen Staates bestehende Staatsgemeinschaft oder gegen die gesetzlichen Rechte des Königs, des Reichstages, der Reichstagskommissionen oder der Delegationen aufwiegelt.

§ 174. Wer eine vom Gesetze als Verbrechen oder Vergehen erklärte Handlung auf die im § 171 bezeichnete Weise anpreist oder wer die Täter eines Verbrechens oder Vergehens wegen der von ihnen begangenen Handlung auf die gedachte Weise belobt oder öffentlich auszeichnet, wird mit Gefängnis bis zu sechs Monaten bestraft.

Das Strafverfahren kann jedoch nur dann eingeleitet werden, wenn die Anzeige innerhalb dreier Monate nach Begehung der Handlung beim Gerichte erstattet wird.

Gesetz-Artikel II vom Jahre 1909 über die Auswanderung.

§ 37. Wer, um der Auswanderung Vorschub zu leisten, unwahre Tatsachen verbreitet oder sonst auf irgendeine Art zur Auswanderung verleitet, ist wegen Vergehens mit Gefängnis bis zu einem Jahre und einer Geldstrafe bis zu 2000 Kronen zu bestrafen.

Wer eine in der Auswanderung durch das Gesetz beschränkte Person (§ 2 dieses Gesetzartikels)) zur Auswanderung*

---

*) § 2 lautet: Hinsichtlich der Auswanderung werden die folgenden Einschränkungen festgestellt:

a) Unter väterlicher Gewalt stehende Minderjährige dürfen ohne ihren Vater nur mit einer von demselben schriftlich erteilten und behördlich beglaubigten, unter Vormundschaft stehende Mündel mit einer vom Vormunde unter vormundschaftsbehördlicher Genehmigung erteilten Einwilligung und

verleitet oder wer durch Wort oder Schrift in einer Versammlung oder durch Verbreitung oder öffentliche Ausstellung von Druckwerken, Schriften oder bildlichen Darstellungen zur Auswanderung verleitet, ist wegen Vergehens mit Gefängnis von sechs Monaten bis zu drei Jahren und Geldstrafe von 1000 bis zu 4000 Kronen zn bestrafen.

Wer die im vorhergehenden Absatze bezeichnete Handlung gewerbsmäfsig begeht, oder wenn diese Handlung von einer Person begangen wird, welche auf Grund des gegenwärtigen Gesetzes wegen eines Verbrechens oder Vergehens bereits bestraft worden ist, und wenn seit Verbüfsung der Strafe zehn Jahre noch nicht verflossen sind, ist wegen Verbrechens auf

---

außerdem in beiden Fällen nur dann auswandern, wenn erwiesen ist, daß deren Unterbringung an ihrem Bestimmungsorte sichergestellt wurde.

Minderjährige weibliche Personen und männliche Personen unter 16 Jahren dürfen ohne einen ihrer Eltern nur dann auswandern, wenn außer den im vorigen Absatze aufgezählten Bedingungen noch erwiesen ist, daß sie bis an ihren Bestimmungsort in Begleitung vollkommen vertrauenswürdiger erwachsener Personen reisen.

b) Männliche Personen dürfen vom 1. Januar jenes Jahres an, in welchem sie das 17. Lebensjahr vollenden, solange sie der auf dem Wehrgesetz beruhenden Stellungs- oder Dienstpflicht unterstehen, nur auf Grund einer vom Minister des Innern im Einvernehmen mit dem Landesverteidigungsminister schriftlich erteilten Einwilligung auswandern. Die Bewilligung darf nur dann erteilt werden, wenn der Bittsteller eine vom Minister des Innern festgestellte Sicherheit von 100 bis 1000 Kronen im vorhinein in ungarischer Kronenwährung erlegt.

Die Sicherheit wird eingezogen, wenn der Betreffende aus eigenem Verschulden bis zum Ablauf der Gültigkeit seines Reisepasses nicht zurückkehrt.

Das Ministerium kann, falls die Auswanderung von Wehrpflichtigen größere Dimensionen annimmt, die Auswanderung der im ersten Absatze dieses Paragraphen bezeichneten männlichen Personen für je ein Jahr überhaupt oder bezüglich einzelner Munizipien verbieten. Dieses Verbot ist dem Reichstage anzumelden.

Nicht auswandern dürfen ferner diejenigen:

c) gegen die wegen einer mit Freiheitsverlust zu bestrafenden Handlung ein Strafverfahren im Zuge ist, ferner die zu Freiheitsverlust oder zu einer Geldstrafe Verurteilten, solange die Strafe vollstreckbar ist;

d) Eltern, welche Kinder unter 16 Jahren daheim zurückzulassen beabsichtigen, ohne deren ständige Pflege entsprechend gesichert zu haben;

e) welche für den gehörigen Unterhalt ihrer daheim bleibenden erwerbsunfähigen und somit auf ihre Hilfe angewiesenen Angehörigen nicht gesorgt haben;

f) welche über den zur Reise an ihren Bestimmungsort erforderlichen Geldbetrag nicht verfügen oder jenen Bedingungen nicht entsprechen, welche in dem Staate, nach welchem sie auswandern wollen, bezüglich der Einwanderung vorgeschrieben sind;

g) denen behufs einer von der Regierung eines auswärtigen Staates, von einer Kolonisations- oder ähnlichen Gesellschaft oder von einer Privatperson geplanten Kolonisation ein ganz oder teilweise unentgeltlicher Transport oder die Vorstreckung der Transportkosten in Aussicht gestellt wurde;

h) welche aus dem Auslande auf Staatskosten heimbefördert wurden und die Transportkosten nicht rückvergütet haben;

i) welche hinsichtlich der Auswanderung im Sinne der Bestimmungen sonstiger Gesetze einer Einschränkung unterworfen sind.

Kerker bis zu fünf Jahren und Geldstrafe von 2000 bis zu 8000 Kronen zu erkennen.

§ 38. Wer ohne die im Sinne des gegenwärtigen Gesetzes notwendige Konzession (§ 6) oder Bestätigung (§ 7 letzter Absatz) des Ministers des Innern Auswanderer transportiert oder einen derartigen Transport vermittelt, oder wer auf den Bereich des nicht konzessionierten Auswanderungsgeschäftes sich beziehende Ankündigungen oder Mitteilungen durch den Druck veröffentlicht oder sonst auf irgend eine andere Art verbreitet, ist wegen Vergehens mit Gefängnis von sechs Monaten bis zu drei Jahren und an Geld von 1000 bis zu 4000 Kronen zu bestrafen.

Wenn jemand die im vorhergehenden Absatze bestimmte Handlung begeht, der wegen eines im gegenwärtigen Gesetze bestimmten Verbrechens oder Vergehens bereits bestraft worden ist, und wenn seit Verbüßsung seiner Strafe zehn Jahre noch nicht verflossen sind, ist derselbe wegen Verbrechens mit Kerker bis zu fünf Jahren und Geldstrafe von 2000 Kronen bis zu 8000 Kronen zu bestrafen.

VII. Abschnitt.

Gewalttätigkeit gegen Privatpersonen.

§ 175. Wenn eine Rotte in der Absicht, an Personen oder Sachen Gewalt zu üben, in jemandes Wohnung, Geschäftsraum oder umfriedeten Besitz eindringt, so wird jedes Mitglied der Rotte wegen des Verbrechens der Gewalttätigkeit gegen Privatpersonen mit Kerker bis zu zwei Jahren bestraft.

§ 176. Begeht jedoch eine Rotte an einem offenen Orte Gewalttätigkeiten an Personen oder Sachen, so wird jedes Mitglied mit mit Kerker bis zu drei Jahren bestraft.

§ 177. Wegen des Vergehens der Gewalttätigkeit gegen Privatpersonen wird mit Gefängnis bis zu sechs Monaten bestraft: wer wegen Erhöhung oder Herabminderung des Arbeitslohnes gegen einen Arbeiter oder Arbeitgeber Gewalt anwendet, ihn wörtlich oder tätlich beleidigt oder mit Gewalt bedroht.

Dieselbe Strafe trifft auch diejenigen, welche sich vor Fabriken, Werkstätten oder solchen Orten, wo Arbeiter beschäftigt sind, oder vor der Wohnung beziehungsweise dem Aufenthaltsorte des Arbeitgebers oder Arbeitsleiters zusammenrotten, um den Beginn oder die Fortsetzung der Arbeit zu hindern oder die Arbeiter zum Verlassen der Arbeit zu bewegen.

VIII. Abschnitt.

Verbrechen und Vergehen gegen das Wahlrecht.

§ 178. Wer einen Wähler durch Gewalt oder Drohungen an der freien Ausübung seines Wahlrechtes hindert, begeht — mag solches bei der Wahl eines Reichstagsabgeordneten, eines Munizipal- oder Gemeindebeamten, eines Mitgliedes des Munizipalausschusses oder eines Gemeindevertreters geschehen — des Vergehens der Verletzung des Wahlrechts und wird mit Gefängnis bis zu sechs Monaten und an Geld bis zu zweihundert Gulden bestraft.

§ 179. Vorsitzende, Mitglieder oder Schriftführer der mit der Konskription der Wähler betrauten Kommissionen, die den Namen eines als wahlberechtigt erkannten Wählers in die Wählerliste nicht eintragen oder die den Namen einer Person in die Wählerliste eintragen, welche die Kommission als nicht wahlberechtigt erkannt hat, werden mit Kerker bis zu zwei Jahren bestraft.

Dieselbe Strafe trifft auch Mitglieder oder Schriftführer der Zentralkommission, welche die in diesem Paragraphen bezeichnete Handlung bei Zusammenstellung der Wählerliste begehen.

§ 180. Ein öffentlicher Beamter, der in einer nach dem Reichstagswahlgesetze der Konskriptionskommission mitzuteilenden Urkunde falsche Tatsachen zu dem Zwecke verzeichnet, um dadurch einen andern widerrechtlich seines Wahlrechtes zu berauben oder einem andern widerrechtlich ein Wahlrecht einzuräumen; desgleichen ein Kommissionsmitglied, das eine ihm amtlich mitgeteilte, auf die Wahl oder auf die Zusammensetzung der Munizipal- beziehungsweise der Gemeindekommission bezügliche Urkunde verfälscht, unterschlägt, vernichtet oder unbrauchbar macht: wird mit Kerker bis zu zwei Jahren und an Geld bis zu zweitausend Gulden bestraft.

Dieselbe Strafe trifft einen öffentlichen Beamten, welcher die in diesen Paragraphen bezeichneten Handlungen bei Zusammenstellung des zur Bildung einer Munizipal- oder Gemeindevertretung dienenden Verzeichnisses der Höchstbesteuerten begeht.

§ 181. Mit Kerker bis zu fünf Jahren wird ein Mitglied der Wahlkommission bestraft, welches bei den im § 178 bezeichneten Wahlen

1. einen von ihm in amtlicher Eigenschaft am Wahlorte übernommenen Stimmzettel seiner Bestimmung entzieht oder dadurch verfälscht, daß es darauf ohne Einwilligung des Stimmenden einen andern Namen schreibt, als welcher bei der Übernahme aufgeschrieben war;

2. die zur Abstimmung benützten Kugeln oder andere Abstimmungszeichen austauscht, unberechtigterweise vermindert oder durch gleichartige vermehrt;

3. eine Stimme für einen andern Kandidaten verzeichnet, als für welchen sie abgegeben wurde, eine Stimme als von einem solchen Wähler abgegeben verzeichnet, der nicht gestimmt hat oder die Stimme eines Wählers nicht verzeichnet, der abgestimmt hat;

4. die Abstimmungsliste oder das die Stimmen enthaltende Behältnis wegnimmt, vernichtet oder die Zählung der Stimmen auf andere Art vereitelt;

5. die Stimmen falsch zusammenzählt.

§ 182. Mit Gefängnis bis zu einem Jahre wird eine nicht zur Wahlkommission gehörige Person bestraft, welche bei den im § 178 bezeichneten Wahlen:

1. einen ihr übergebenen Stimmzettel entwendet oder dadurch verfälscht, daß sie darauf ohne Einwilligung des Stimmenden einen andern Namen schreibt, als welcher bei der Übergabe aufgeschrieben war;

2. die zur Abstimmung benützten Kugeln oder andere Abstimmungszeichen austauscht, unberechtigterweise vermindert oder durch gleichartige vermehrt;

3. die Abstimmungsliste oder das die Stimmen enthaltende Behältnis wegnimmt, vernichtet oder die Zählung der Stimmen auf andere Art vereitelt.

§ 183. In den Fällen der §§ 181 und 182 kann die Strafverfolgung nur dann eingeleitet werden, wenn gegen den Mißbrauch während der Wahl oder längstens binnen acht Tagen nach Verkündigung des Wahlergebnisses bei der Wahlkommission oder bei der Behörde, von welcher die Kommission entsendet wurde, Einsprache erhobon worden ist.

§ 184. Wer unter fremdem Namen stimmt oder sich zur Abstimmung meldet, begeht ein Vergehen und wird mit Gefängnis bis zu einem Monat und an Geld bis zu hundert Gulden bestraft.

Derselben Strafe verfällt, wer in einem Wahlbezirke mehrmals stimmt oder wer, nachdem er bereits in einem Wahlbezirke gestimmt hat, in einem zweiten Wahlbezirke stimmt.

§ 185. Wer einem Wähler oder mit dessen Wissen einem Angehörigen (§ 178) desselben Geld, Geldeswert oder andere Vorteile bietet oder verspricht, damit jener für einen bestimmten Kandidaten stimme, nicht stimme oder sich der Abstimmung enthalte: wird mit Gefängnis bis zu sechs Monaten und an Geld bis zu tausend Gulden bestraft.

Dieselbe Strafe trifft auch den Wähler, welcher Geld oder anderweitige Vorteile, die ihm oder mit seinem Wissen seinen Angehörigen zu dem in diesen Paragraphen bezeichneten Zwecke geboten werden, annimmt.

§ 186. Mit Gefängnis bis zu drei Monaten und an Geld bis zu fünfhundert Gulden wird bestraft: wer zu dem im vorigen Paragraphen bezeichneten Zwecke Speisen und Getränke verteilt, sowie wer diese Speisen und Getränke annimmt.

§ 187. Ein öffentlicher Beamter, welcher durch eine in seine Amtswirksamkeit fallende Handlung oder durch darauf bezügliche Versprechungen einen Wähler zu bestimmen sucht, für oder gegen einen bestimmten Kandidaten zu stimmen oder sich der Abstimmung zu enthalten, wird mit Gefängnis bis zu zwei Jahren bestraft.

§ 188. Wegen der in diesem Abschnitte bezeichneten Verbrechen und Vergehen ist neben der Strafe auch auf zeitweilige Entziehung der politischen Rechte zu erkennen.

Amtsverlust ist nur gegen denjenigen zu verhängen, welcher bei Begehung des Verbrechens oder Vergehens ein öffentliches Amt bekleidet hat.

§ 189. In den Fällen der §§ 178, 184, 185, 186 und 187 kann die Strafverfolgung nur dann eingeleitet werden, wenn die Anzeige über die strafbare Handlung binnen dreißig Tagen nach Begehung derselben dem Gerichte erstattet wird.

XV. Gesetz-Artikel vom Jahre 1899 über die Gerichtsbarkeit in Angelegenheit der Wahlen von Reichstagsabgeordneten. (S. 244 – 246).

§ 169. Der Wahlpräsident oder Wahlkommissionspräsident oder der Präsident-Stellvertreter, welcher die Bestimmungen der Wahlgesetze und dieses Gesetzes durch eine Handlung oder Unterlassung mit der Absicht verletzt, dadurch die Wahl für den einen oder den anderen Kandidaten zu sichern oder solche Wahl zu vereiteln, wird mit einer Geldstrafe bis zu sechstausend Kronen und zeitweiliger Entziehung der politischen Rechte bestraft.

Wenn aber der Wahlpräsident, Wahlkommissionspräsident oder Präsident-Stellvertreter, um die Wahl für den einen oder den anderen Kandidaten zu sichern oder solche Wahl zu vereiteln, eine gegen die Wahlgesetze und dieses Gesetz verstoſsende Verfügung getroffen hat, und infolge dieser Verfügung das durch ihn bezweckte Ergebnis der Wahl eingetreten ist oder die Wahl vereitelt wurde, oder wenn derselbe, um die erwähnten Zwecke zu erreichen, das Verfügungsrecht über die Gendarmerie, die Polizei oder die bewaffnete Macht, unter Verletzung der Bestimmungen des § 154, einem anderen übertragen hat, so wird er mit Gefängnis bis zu sechs Monaten und einer Geldstrafe bis zu sechstausend Kronen, sowie auch mit der zeitweiligen Entziehung der politischen Rechte bestraft.

§ 170. Der Seelsorger oder eine zur Vollziehung einer religiösen Zeremonie berechtigte oder ein Kirchenamt bekleidende andere Person, welche in einer zur Verrichtung von religiösen Zeremonien bestimmten Räumlichkeit oder in einer Versammlung religiösen Charakters eine auf die Beeinflussung des Wahlergebnisses abzielende Äuſserung macht; oder der zu dem Zwecke, daſs ein oder mehrere Wähler für einen bestimmten Kandidaten stimmen oder nicht stimmen oder sich der Abstimmung enthalten, die Erteilung kirchlicher Gnadenmittel verspricht oder kirchliche Strafen oder die Entziehung der Gnadenmittel oder überirdische Strafen androht, oder der Gegenstände der religiösen Verehrung oder solche Gegenstände, welche zur Vollziehung kirchlicher Zeremonien bestimmt sind, in Wählerversammlungen oder bei Wahlaufzügen benutzt; oder

der die Benutzung solcher Gegenstände, wenn er über sie zu verfügen hat, zu solchem Zwecke gestattet, wird mit Gefängnis bis zu einem Jahre und Geldstrafe bis zu tausend Kronen sowie mit der zeitweiligen Entziehung der politischen Rechte bestraft.

§ 171. Wer Gegenstände der religiösen Verehrung oder solche, welche zur Vollziehung kirchlicher Zeremonien bestimmt sind, in Wählerversammlungen oder bei Wahlaufzügen benutzt, wird — wenn nicht der im § 170 bestimmte Fall vorliegt — mit Gefängnis bis zu drei Monaten und mit zeitweiliger Entziehung seiner politischen Rechte bestraft.

§ 172. Wer in seiner beim Abgeordnetenhause erhobenen Beschwerde oder in seiner bei der Kurie eingereichten Petition oder Gegenpetition in Beziehung auf einen Abgeordneten oder einen anderen Kandidaten oder ein bei der Wahl amtlich mitwirkendes Organ, oder aber aufser diesen Fällen unwahre Tatsachen als Handlung oder Versäumnis einer Person wissentlich darstellt, begeht, sofern diese Tatsachen als Grundlage eines Verfahrens dienen und im Falle ihrer Wahrheit die Ungültigkeitserklärung der Wahl oder irgendeiner Stimme nach sich ziehen würden — insofern keine schwerer zuzurechnende strafbare Handlung vorliegt — ein Vergehen und wird mit einer Geldstrafe bis zu 2000 Kronen bestraft.

Gleiche Strafe trifft denjenigen, welcher in der obenerwähnten Weise und zu gedachtem Zwecke wissentlich eine Erklärung oder ein Zeugnis falschen Inhaltes ausstellt, sofern die Erklärung oder das Zeugnis bei dem Verfahren vor dem Abgeordnetenhause oder vor der Kurie benutzt wurde, und sofern keine schwerer zuzurechnende strafbare Handlung vorliegt.

Das Strafverfahren kann nur auf Antrag des Verletzten binnen 30 Tagen, welche von der Beendigung des Invalidationsverfahrens an zu rechnen sind, eingeleitet werden.

IX. Abschnitt.

Verbrechen und Vergehen gegen die freie Religionsübung.

§ 190. Wer auf die im § 171 bezeichnete Weise durch beschimpfende Ausdrücke gegen Gott öffentliches Ärgernis erregt, desgleichen wer eine gottesdienstliche Verrichtung einer vom Staate anerkannten Religionsgenossenschaft*) mit Gewalt verhindert oder stört, begeht ein Vergehen und wird mit Gefängnis bis zu einem Jahre und an Geld bis zu tausend Gulden bestraft.

---

*) Der Begriff der vom Staate anerkannten (und der durch das Gesetz angenommenen, also stärker geschützten) Religionsgenossenschaften wird durch Gesetzartikel XLIII vom Jahre 1895 bestimmt.

Der Versuch ist strafbar.

§ 191. Wer an einem zu gottesdienstlichen Handlungen einer vom Staate anerkannten Religionsgenossenschaft*) dienenden Orte ein öffentliches Ärgernis begeht oder einen Gegenstand des Gottesdienstes oder Gegenstände, die für gottesdienstliche Verrichtungen bestimmt sind, an einem dem Gottesdienste geweihten Orte oder zwar außerhalb desselben, aber während einer gottesdienstlichen Verrichtung tätlich oder mit Ärgernis erregenden Worten beschimpft: begeht ein Vergehen und wird mit Gefängnis bis zu sechs Monaten und an Geld bis zu zweihundert Gulden bestraft.

§ 192. Wer den Seelsorger einer vom Staate anerkannten Religionsgenossenschaft*) während einer gottesdienstlichen Verrichtung wörtlich oder tätlich öffentlich beschimpft oder bedroht: begeht ein Vergehen und wird mit Gefängnis bis zu einem Jahre und an Geld bis zu fünfhundert Gulden bestraft.

Wer aber den Seelsorger während einer gottesdienstlichen Verrichtung körperlich verletzt, begeht ein Verbrechen und wird — insofern die Handlung nicht unter eine schwerere Zurechnung fällt — mit Kerker bis zu zwei Jahren bestraft.

X. Abschnitt.

Verletzung der persönlichen Freiheit, des Hausrechtes, des Brief- und Depeschengeheimnisses durch öffentliche Beamte.

§ 193. Ein öffentlicher Beamter (§ 461), welcher seine Amtsgewalt mißbrauchend, einen andern widerrechtlich verhaften läßt, verhaftet oder in Haft behält: begeht das Vergehen gegen die persönliche Freiheit und wird mit Gefängnis bis zu einem Jahre bestraft.

§ 194. Ein öffentlicher Beamter, zu dessen Amtspflichten die Vollziehung von Strafurteilen oder die Aufsicht über die zur Vollstreckung der Freiheitsstrafen oder zur Verwahrung von Unter suchungsgefangenen dienenden Örtlichkeiten gehört, begeht, wenn er mit Verletzung seiner Pflicht einen Gefangenen über die im Urteile oder in der Anordnung des zuständigen Beamten bestimmte Zeit in Haft behält, das im § 193 bezeichnete Vergehen und wird mit Gefängnis bis zu einem Jahre bestraft.

§ 195. In den Fällen der §§ 193 und 194 ist die Gesetzesverletzung mit Gefängnis bis zu zwei Jahren zu bestrafen, wenn die rechtswidrige Freiheitsentziehung länger als sieben Tage, aber nicht länger als fünfzehn Tage dauert.

Die Strafe ist Kerker bis zu drei Jahren, wenn die rechtswidrige Freiheitsentziehung länger als fünfzehn Tage, aber nicht länger als einen Monat dauert.

---

*) Siehe die Anmerkung auf voriger Seite.

Hat aber die rechtswidrige Freiheitsentziehung länger als einen Monat, aber weniger als drei Monate gewährt, so tritt Zuchthaus bis zu fünf Jahren, und wenn die Freiheitsentziehung über drei Monate gedauert hat, Zuchthaus von fünf bis zu zehn Jahren ein.

Wurde in den Fällen der §§ 193, 194 und dieses Paragraphen an der gefangenen Person eine Gewalttätigkeit oder Mißhandlung begangen, so können — insofern dadurch nicht eine schwerer zu bestrafende Handlung vorliegt — die in den angeführten Paragraphen festgesetzten Freiheitsstrafen noch um je ein Jahr verlängert werden.

§ 196. Ein Aufsichtsbeamter (Direktor), welcher den bestehenden Vorschriften zuwiderhandelnd eine Person in die zur Vollstreckung von Freiheitsstrafen bestimmte, seiner Aufsicht unterstehende Örtlichkeit aufnimmt; desgleichen derjenige, welcher von der Einlieferung einer Person in das Gefängnis oder den Kerker — mag diese auch auf Anordnung der Polizei- oder einer anderen Verwaltungsbehörde erfolgt sein — seinem unmittelbaren Vorgesetzten binnen vierundzwanzig Stunden nicht Meldung erstattet, begeht ein Verbrechen und wird mit Gefängnis bis zu einem Monat bestraft.

§ 197. Ein öffentlicher Beamter, welcher von der gesetzwidrigen Verhaftung oder Gefangenhaltung einer Person amtliche Kenntnis erhält und hiervon nicht sofort dem zuständigen Vorgesetzten Anzeige erstattet; desgleichen der Vorgesetzte, welcher durch eine solche Anzeige oder auf andere Art von dem Sachverhalte amtliche Kenntnis erhält und die Prüfung desselben und die erforderliche Entscheidung länger als achtundvierzig Stunden hinausschiebt: begeht ein Vergehen gegen die persönliche Freiheit und wird mit Gefängnis bis zu einem Monat bestraft.

§ 198. Neben den in den obigen Paragraphen dieses Abschnittes festgesetzten Freiheitsstrafen ist auf Verlangen des widerrechtlich Gefangengehaltenen und zu dessen Gunsten für jeden Tag der Gefangenhaltung auf einen Schadenersatz von fünf bis zehn Gulden zu erkennen.

In diesem Falle greift eine weitere Schadenersatzklage nicht Platz.

§ 199. Ein öffentlicher Beamter, welcher seine Amtsgewalt mißbrauchend gesetzwidrig in eine Wohnung, in Geschäftsräume oder dazu gehörige oder damit zusammenhängende Räume oder in einen umfriedeten Raum gegen den Willen des dort Wohnenden oder über die Wohnung Verfügenden eindringt oder daselbst verweilt: begeht das Vergehen der Verletzung des Hausrechtes und wird mit Gefängnis bis zu sechs Monaten bestraft.

Wurde jedoch außerdem noch eine Hausdurchsuchung vorgenommen, so tritt Gefängnis bis zu einem Jahre ein.

§ 200. Ein Postbeamter oder Postdiener, welcher der Post übergebene Briefe oder Pakete außer den im Gesetze bestimmten Fällen eröffnet, zurückhält oder vernichtet, einem anderen eine solche Handlung gestattet oder hierbei Vorschub leistet: begeht das Vergehen der Verletzung des Briefgeheimnisses und wird mit Gefängnis bis zu sechs Monaten bestraft.

§ 201. Ein Telegraphenbeamter oder Telegraphendiener, welcher eine der Telegraphenanstalt anvertraute Depesche verfälscht, gesetzwidrig eröffnet, zurückhält oder vernichtet, deren Inhalt rechtswidrig einem andern mitteilt oder einem andern eine solche Handlung gestattet oder hierbei Vorschub leistet: begeht das Vergehen der Verletzung des Depeschengeheimnisses und wird mit Gefängnis bis zu sechs Monaten bestraft.

§ 202. Wegen der in den §§ 193—196 bezeichneten Verbrechen und Vergehen ist neben den oben festgesetzten Strafen auch auf Amtsverlust zu erkennen; in den übrigen Fällen dieses Abschnittes aber ist der Schuldige zum Verluste seines Amtes oder Stellung zu verurteilen.

XI. Abschnitt.

Geldverfälschung.

§ 203. Das Verbrechen der Geldverfälschung begeht, wer, um es als echtes oder vollwertiges Geld im Umlauf zu setzen:

1. im In- oder Auslande gangbares Metall- oder Papiergeld nachahmt oder nachahmen läßt;

2. an solchem echten Metall- oder Papiergelde derartige Änderungen vornimmt oder vornehmen läßt, daß dieses den Schein eines höheren Wertes erhält;

3. den Metallgehalt von Gold- oder Silbermünzen auf irgend eine Weise vermindert oder vermindern läßt.

Dasselbe Verbrechen begeht, wer an außer Verkehr gesetztem Gelde zu dem eben erwähnten Zwecke solche Änderungen vornimmt oder vornehmen läßt, daß dasselbe den Anschein von noch im Verkehre stehendem Gelde erhält.

*) *Ist Scheidemünze von einem geringeren Nennwerte als eine Krone, oder ist Papiergeld, welches jene vertritt, Gegenstand der Geldverfälschung, und stellt das verfälschte Geld nicht die Rechnungseinheit eines ausländischen Geldes dar: so ist die Handlung ein Vergehen, dessen Versuch ebenfalls strafbar ist.*

§ 204**). *Ersetzt durch Artikel XII des Gesetz-Artikels XXXVI vom Jahre 1908 durch folgenden § 40.*

---

*) Dieser Absatz ist durch Artikel XII des Gesetz-Artikels XXXVI vom Jahre 1908 als dessen § 89 beigefügt worden.

**) § 204 lautete: Die Geldverfälschung wird in den unter Z. 1 und 2 des vorigen Paragraphen bezeichneten Fällen, sowie im Falle der Verfälschung von außer Verkehr gesetztem Gelde mit Zuchthaus von fünf bis zu zehn Jahren, in dem unter Z. 3 bezeichneten Falle mit Kerker bis zu fünf Jahren bestraft.

Ist aber der Gegenstand einer im vorigen Paragraphen bezeichneten Handlung Scheidemünze oder deren Stelle vertretendes Papiergeld, so bildet die Handlung ein Vergehen und wird mit Gefängnis von sechs Monaten bis zu drei Jahren bestraft.

Der Versuch ist strafbar.

§ 40. Das Verbrechen der Geldverfälschung wird mit Zuchthaus von fünf bis zehn Jahren und einer Geldstrafe bis zu achttausend Kronen, und wenn der Gegenstand der Geldverfälschung Scheidemünze oder Papiergeld ist, welches jene vertritt, mit Kerker bis zu fünf Jahren und einer Geldstrafe bis zu sechstausend Kronen bestraft.

Im Falle der leicht erkennbaren Verfälschung von Geld, dessen Summe zweihundert Kronen nicht übersteigt, sowie im Falle des Punktes 3 des § 203 des StGB. wird jedoch das Verbrechen der Geldverfälschung mit Kerker bis zu fünf Jahren und einer Geldstrafe bis zu sechstausend Kronen, und wenn der Gegenstand der Verfälschung Scheidemünze oder Papiergeld ist, welches jene vertritt, mit Kerker bis zu drei Jahren und einer Geldstrafe bis zu viertausend Kronen bestraft.

Das Vergehen der Geldverfälschung wird mit Gefängnis von sechs Monaten bis zu drei Jahren und mit einer Geldstrafe bis zu zweitausend Kronen bestraft.

§ 205. Die auf Verübung des im § 203 bezeichneten Verbrechens abzielende Verbindung (§ 132) wird, wenn eine Vorbereitungshandlung hinzutritt, mit Gefängnis bis zu drei Monaten bestraft.

§ 206. Nach den im § 204 gemachten Unterscheidungen wird mit der dort festgesetzten Strafe bestraft:

1. wer falsches oder verfälschtes Geld, welches er jedoch nicht zu dem im § 203 bezeichneten Zwecke verfertigt hat, in Verkehr setzt;
2. wer im Einverständnisse mit dem Täter oder dessen Teilnehmer falsches oder verfälschtes Geld, um es in Verkehr zu setzen, ins Land bringt, übernimmt oder erwirbt.

§ 207.*) *An seine Stelle ist laut Art. XII des Gesetz-Artikels vom Jahre 1908 der folgende § 41 getreten:*

§ 41. Das Verbrechen des betrügerischen Gebrauches von falschem oder verfälschtem Geld begeht: wer aufser den Fällen der §§ 203 und 206 des StGB. falsches oder verfälschtes Geld für echtes, beziehungsweise vollwertiges in Verkehr setzt.

Hat jedoch die in Verkehr gesetzte falsche oder verfälschte Scheidemünze oder das Papiergeld, welches jene vertritt, einen geringeren Nennwert als eine Krone, und stellt das falsche oder verfälschte Geld nicht die Rechnungseinheit eines ausländischen Geldes dar, so ist die Handlung ein Vergehen, dessen Versuch ebenfalls strafbar ist.

*) § 207 lautete: Das Verbrechen des betrügerischen Gebrauches falschen oder verfälschten Geldes begeht, wer aufser den in den §§ 203 und 206 bezeichneten Fällen falsches oder verfälschtes Geld als echtes, beziehungweise vollwertiges in Verkehr setzt.

Wird aber falsche oder verfälschte Scheidemünze oder deren Stelle vertretendes Papiergeld in Umlauf gebracht, so ist die Handlung ein Vergehen dessen Versuch gleichfalls strafbar ist.

§ 208.*) *Ersetzt laut Art. XII des Gesetz-Artikels vom Jahre 1908 durch dessen § 42:*

§ 42. Das Verbrechen des betrügerischen Gebrauches von falschem oder verfälschtem Geld wird mit Zuchthaus bis zu drei Jahren und einer Geldstrafe bis zu sechstausend Kronen, und wenn das falsche oder verfälschte Geld Scheidemünze oder Papiergeld ist, welches jene vertritt, oder einen geringeren Wert als tausend Kronen darstellt, mit Kerker bis zu drei Jahren und einer Geldstrafe bis zu viertausend Kronen bestraft.

Bezieht sich jedoch der betrügerische Gebrauch auf verstümmeltes Gold- oder Silbergeld, so wird dieses Verbrechen mit Kerker bis zu zwei Jahren und einer Geldstrafe bis zu dreitausend Kronen bestraft.

Das Vergehen des betrügerischen Gebrauches von falschem oder verfälschtem Gelde wird mit Gefängnis bis zu sechs Monaten und einer Geldstrafe bis zu zweitausend Kronen bestraft.

§ 209. Wer falsches oder verfälschtes Geld, das er als echtes empfangen hat, wissentlich als echtes beziehungsweise vollwertiges in Umlauf bringt, begeht das Vergehen der Verausgabung falschen Geldes und wird mit Gefängnis bis zu sechs Monaten und an Geld bis zu tausend Gulden bestraft.

Der Versuch ist strafbar.

§ 210. Dem Papiergelde werden gleichgeachtet die auf den Überbringer lautenden gedruckten Obligationen, Banknoten, Aktien oder deren Stelle vertretende Interimsscheine, Anweisungen oder Quittungen, sowie die zu diesen Papieren gehörenden Zins-, Gewinnanteils- oder Erneuerungsscheine (Coupons und Talons), welche von einer Staatsregierung oder von einer zur Ausgabe solcher Papiere berechtigten öffentlichen Kasse, Gemeinde, Gesellschaft, Genossenschaft, Korporation oder Privatperson ausgestellt sind.

Diese Bestimmung gilt auch dann, wenn in der gedruckten Urkunde die Unterschrift des Ausstellers oder einzelne Worte oder Zahlen handschriftlich beigefügt sind.

§ 211. Dem Papiergelde werden ferner gleichgeachtet jene auf Namen lautenden Obligationen samt ihren Coupons und Talons,

---

*) § 208 lautete: Der betrügerische Gebrauch falschen oder verfälschten Geldes wird auf folgende Art bestraft:

1. mit Zuchthaus bis zu drei Jahren, wenn der Wert des falschen oder verfälschten Geldes fünfhundert Gulden übersteigt;

2. mit Kerker bis zu drei Jahren, wenn der Wert des falschen oder verfälschten Geldes weniger als fünfhundert Gulden beträgt;

3. mit Kerker bis zu zwei Jahren, wenn der betrügerische Gebrauch im Metallwerte verringerte Geld- oder Silbermünzen betrifft;

4. mit Gefängnis bis zu sechs Monaten, wenn die Handlung durch falsche oder verfälschte Scheidemünze oder deren Stelle vertretendes Papiergeld begangen wurde.

welche von der ungarischen Regierung oder einer ungarischen öffentlichen Kassa ausgestellt sind und einen Gegenstand des Börsenverkehrs bilden.

§ 212. Wegen der in diesem Abschnitte bezeichneten Verbrechen und Vergehen ist neben der Strafe auch auf Amtsverlust und zeitweilige Entziehung der politischen Rechte zu erkennen.

XXXVII. Gesetz-Artikel vom Jahre 1899, über die Verlängerung des Privilegiums der Österreichisch-Ungarischen Bank. (S. 568.)

§ 7. Wer unbefugt Banknoten oder andere auf den Überbringer lautende unverzinsliche Obligationen, welche im Verkehre als Geldzeichen verwendet werden können, ausgibt, begeht, sofern nicht eine im allgemeinen Strafgesetze mit strengerer Strafe bedrohte Handlung vorliegt, ein Vergehen und ist mit einer Geldstrafe, welche dem Zehnfachen der von ihm ausgegebenen Wertzeichen gleichkommt, mindestens aber 4000 Kronen beträgt, zu bestrafen.

Das Strafverfahren kann in den Ländern der Ungarischen Krone nur auf Antrag des Generalrates der Österreichisch-Ungarischen Bank durch den Budapester, beziehungsweise Agramer Gerichtshof erster Instanz eingeleitet werden.

Im Falle der Uneinbringlichkeit ist die Geldstrafe in Gefängnisstrafe umzuwandeln, deren Dauer jedoch ein Jahr nicht übersteigen darf.

Hinsichtlich der Verwendung der Geldstrafen sind die bezüglichen Bestimmungen der Strafgesetze anzuwenden.

XII. Abschnitt.

Falsche Aussage und Meineid.

§ 213. Wer als Zeuge in einer Strafsache vor Gericht über einen wesentlichen Umstand falsch aussagt und seine Aussage mit einem Eide bekräftigt, begeht das Verbrechen der falschen Aussage und wird mit Zuchthaus bis zu fünf Jahren bestraft.

Wurde die falsche Aussage zum Nachteile des Angeklagten abgelegt und dieser zum Tode verurteilt, so wird der falsche Zeuge mit Zuchthaus von zehn bis fünfzehn Jahren bestraft. Wurde aber der Angeklagte zu einer Freiheitsstrafe von mehr als fünf Jahren verurteilt, so wird der falsche Zeuge mit Zuchthaus von fünf bis zu zehn Jahren bestraft.

§ 214. Eine falsche Aussage hinsichtlich einer Übertretung ist ein Vergehen und wird mit Gefängnis bis zu einem Jahre und an Geld bis zu tausend Gulden bestraft.

§ 215. Wer in einem bürgerlichen Rechtsstreite über einen wesentlichen Umstand ein falsches Zeugnis ablegt und dasselbe mit einem Eide bekräftigt, wird mit Kerker bis zu fünf Jahren und an Geld bis zu viertausend Gulden bestraft.

§ 216. Wenn jedoch der Gegenstand des bürgerlichen Rechtsstreites den Wert von hundert Gulden nicht übersteigt, so wird das falsche Zeugnis mit Kerker bis zu einem Jahre und an Geld bis zu vierhundert Gulden bestraft.

Gesetz-Artikel XVIII vom Jahre 1893 über das summarische Verfahren. (S. 314.).

§ 221. Auf das falsche Zeugnis der unter Eid vernommenen Partei (§§ 95—99) finden die Vorschriften des StGB. über die Bestrafung der falschen Aussage Anwendung.

§ 217. Die Strafe des falschen Zeugnisses trifft auch einen Sachverständigen, welcher in einem Straf- oder Zivilprozesse über einen wesentlichen Umstand des Tatbestandes unwahr aussagt oder ein falsches Gutachten abgibt; desgleichen einen Übersetzer oder Dolmetsch, welcher über einen wesentlichen Umstand mündlich oder schriftlich dem Gerichte oder einer anderen Behörde eine falsche Übersetzung unterbreitet.

§ 218. Gleiche Wirkung wie die eidliche Bekräftigung besitzt:

1. die Bekräftigung der Aussage seitens des Zeugen durch eine feierliche Versicherung oder mit Berufung auf sein Gewissen in jenen Fällen, wo das Gesetz einer solchen Versicherung oder Berufung die gleiche Beweiskraft wie dem Eide zuerkennt;

2. die Bekräftigung einer Erklärung durch einen Sachverständigen, Übersetzer oder Dolmetsch mit Berufung auf den Amtseid, beziehungweise auf den allgemeinen Sachverständigen- oder Dolmetscheid;

3. die Bekräftigung einer Aussage, beziehungsweise Erklärung durch die erwähnten Personen mit Berufung auf den in derselben Angelegenheit in gleicher Eigenschaft bereits früher abgelegten Eid.

§ 219. Wer in einem bürgerlichen Rechtsstreite einen falschen Haupt-, Erfüllungs-, Schätzungs- oder Offenbarungseid ablegt, wird mit Kerker bis zu fünf Jahren und an Geld bis zu viertausend Gulden; im Falle des § 216 jedoch mit Kerker bis zu einem Jahre und an Geld bis zu vierhundert Gulden bestraft.

§ 220. Wer in einem Disziplinarverfahren gegen einen öffentlichen Beamten oder Advokaten eine falsche Aussage ablegt und mit einem Eide bekräftigt, wird mit Kerker bis zu einem Jahre bestraft.

Wurde aber die falsche Aussage zum Nachteile des in Disziplinaruntersuchung Gezogenen abgelegt und dieser seines Amtes oder seiner Stellung enthoben, so wird das falsche Zeugnis mit Kerker bis zu drei Jahren; und wenn im Disziplinarurteile auf eine geringere Strafe erkannt wurde, mit Kerker bis zu zwei Jahren bestraft.

Diese Bestimmungen finden auch Anwendung, wenn eine Zivilperson in einer vor einem militärischen Ehrengerichte verhandelten Angelegenheit ein falsches Zeugnis ablegt.

§ 221. Eine aus Fahrlässigkeit abgegebene falsche Aussage, Sachverständigenerklärung oder Übersetzung, desgleichen ein aus Fahrlässigkeit abgelegter falscher Eid wird mit Gefängnis bis zu einem Jahre bestraft.

§ 222. Wer einen andern zu einer falschen Aussage in einem Strafprozesse oder zu einer in den §§ 217 und 219 bezeichneten Handlung zu verleiten sucht, wird mit Kerker bis zu drei Jahren, und wenn es sich um eine Übertretung handelt, mit Gefängnis bis zu sechs Monaten bestraft.

Wer diese Handlung hinsichtlich eines Zivilprozesses begeht, wird mit Gefängnis bis zu zwei Jahren und an Geld bis zu tausend Gulden; im Falle des § 216 jedoch mit Gefängnis bis zu sechs Monaten und an Geld bis zu vierhundert Gulden bestraft.

Wer diese Handlung hinsichtlich einer Disziplinarangelegenheit begeht, wird mit Gefängnis bis zu sechs Monaten bestraft.

§ 223. Wegen der in diesem Abschnitte bezeichneten Handlungen ist, insofern dieselben Verbrechen sind, neben der Hauptstrafe auch auf Amtsverlust zu erkennen.

§ 224. Wegen der in diesem Abschnitte bezeichneten Handlungen bleibt straflos:

1. wer durch eine wahre Aussage sich selbst einer strafbaren Handlung anklagen würde;

2. wer in einer Straf- oder Disziplinarsache berechtigt war, sich der Zeugenaussage oder der Angabe eines Gutachtens zu entschlagen, auf dieses Recht jedoch vom Gerichte nicht aufmerksam gemacht wurde.

§ 225. Straflos bleibt ferner: wer seine falsche Aussage oder Erklärung (§ 217) oder seinen falschen Eid bei der betreffenden Behörde widerruft, ehe gegen ihn eine Anzeige erstattet oder das Strafverfahren eingeleitet wurde, und ehe aus der falschen Aussage oder Erklärung oder aus dem falschen Eide für einen andern ein Nachteil entstanden ist.

§ 226. Wer eine der Wahrheit entsprechende Aussage oder Erklärung oder einen echten Eid widerruft, als falsch hinstellt, wenn er auch diesen Widerruf nicht durch einen Eid oder auf diesem gleichwirkende Art (§ 218) bekräftigt hat; desgleichen, wer einen andern zu einem solchen falschen Widerruf zu verleiten trachtet, wird nach Verschiedenheit der Sache und Handlung nach den §§ 213—219, 220, 222 und 223 bestraft.

XV. Gesetz-Artikel vom Jahre 1899, über die Gerichtsbarkeit in Angelegenheit der Wahlen von Reichstagsabgeordneten. (S. 247.).

§ 175. Die vor der Kurie oder der Kommission oder dem Delegierten des Abgeordnetenhauses in einer Wahlangelegenheit gemachte falsche Aussage ist hinsichtlich der Anwendung des XII. Abschnittes des Gesetz-Artikels V von 1878

so zu betrachten, als wäre sie in einer Zivilsache gemacht; auf solche falsche Aussage finden diejenigen Bestimmungen Anwendung, welche für Zivilsachen im Wert von über 200 Kronen gelten.

XIII. Abschnitt.

Falsche Anschuldigung.

§ 227. Der falschen Anschuldigung macht sich schuldig: wer einen andern vor einer Behörde einer strafbaren Handlung wissentlich und fälschlich beschuldigt oder gegen ihn wissentlich falsche Verdachtsgründe oder Beweise erdichtet oder herstellt.

Betrifft die falsche Anschuldigung ein Verbrechen oder Vergehen, so bildet sie ein Verbrechen und wird mit Zuchthaus bis zu fünf Jahren bestraft; betrifft sie hingegen eine Übertretung oder ein Disziplinarvergehen, so wird sie als Vergehen mit Gefängnis bis zu einem Jahre und an Geld bis zu tausend Gulden bestraft.

Wurde der falsch Angeschuldigte verurteilt, so kommen die Strafbestimmungen der §§ 213 und 220 nach den dort festgesetzten Unterscheidungen zur Anwendung.

Im Falle dieses Paragraphen ist neben der Hauptstrafe auch auf Amtsverlust zu erkennen.

§ 228. Die falsche Anschuldigung wird nur dann von Amts wegen verfolgt, wenn bereits auf deren Grundlage die Strafverfolgung gegen den Angeschuldigten eingeleitet worden ist.

§ 229. Wurde infolge der falschen Anschuldigung keine Strafverfolgung eingeleitet, so greift wegen dieser Handlung die Strafverfolgung nur auf Antrag des fälschlich Angeschuldigten Platz, und der falsche Ankläger wird mit Gefängnis bis zu einem Jahre und an Geld bis zu tausend Gulden bestraft.

§ 230. Wer Tatsachen und Beweise kennt, von welchen die Freisprechung eines unschuldig in Untersuchung Gezogenen oder die Befreiung eines unschuldig Verurteilten abhängt und dieselben dem Betroffenen, dessen Angehörigen oder der betreffenden Behörde nicht mitteilt, obwohl er dies ohne Gefahr für sich, seine Angehörigen oder schuldlose Dritte tun konnte, begeht ein Vergehen und wird mit Gefängnis bis zu drei Jahren bestraft.

§ 231. Wird jemand der falschen Anschuldigung schuldig befunden, so ist auf Verlangen des Verletzten und auf Kosten des Verurteilten das Urteil im Wege der Zeitungspresse zu veröffentlichen.

XIV. Abschnitt.

Verbrechen und Vergehen gegen die Sittlichkeit.

§ 232. Wegen des Verbrechens der Notzucht wird mit Zuchthaus bis zu zehn Jahren bestraft:

1. wer eine Frauensperson durch Gewalt oder Drohungen zum außerehelichen Beischlafe nötigt;

2. wer den Zustand der Bewußtlosigkeit, Willenslosigkeit oder Wehrlosigkeit einer Frauensperson zum unehelichen Beischlafe mit derselben mißbraucht, ohne Rücksicht darauf, ob er diesen Zustand hervorgerufen hat oder nicht.

§ 233. Wegen des Verbrechens der gewaltsamen Unzucht wird mit Kerker bis zu fünf Jahren bestraft: wer an einer Frauensperson mit Gewalt oder Drohungen, oder wer an einer Frauensperson, welche sich in dem unter Z. 2 des § 232 bezeichneten Zustande befindet, außer der Ehe unzüchtige Handlungen verübt, insofern diese nicht ein schwerer zu bestrafendes Verbrechen bilden.

§ 234. Unter Drohung im Sinne dieses Abschnittes wird eine solche Drohung verstanden, welche geeignet ist, in der Bedrohten gegründete Furcht vor einer dem Leben oder der Gesundheit ihrer selbst oder ihrer gegenwärtigen Angehörigen unmittelbar bevorstehenden schweren Gefährdung zu erregen.

§ 235. Mit Zuchthaus von zehn bis zu fünfzehn Jahren wird das im § 232 bezeichnete Verbrechen und mit Zuchthaus von fünf bis zu zehn Jahren das im § 233 bezeichnete Verbrechen bestraft:

1. wenn es an einer Verwandten auf- und absteigender Linie oder an einer Schwester;

2. wenn es an einer der Vormundschaft, der Kuratel, dem Unterrichte, der Erziehung, Aufsicht, Heilpflege oder Fürsorge des Täters anvertrauten Person verübt wird.

§ 236. Wer mit einem unbescholtenen Mädchen unter vierzehn Jahren geschlechtlichen Beischlaf pflegt, begeht das Verbrechen der Schändung und wird mit Zuchthaus bis zu fünf Jahren bestraft.

§ 237. Wenn ein in den obigen Paragraphen bezeichnetes Verbrechen oder die zur Verübung benützten Mittel den Tod der Verletzten verursacht haben, so ist die Strafe lebenslängliches Zuchthaus.

§ 238. Wegen der in den obigen Paragraphen bezeichneten Verbrechen kann die Strafverfolgung in der Regel nur auf Antrag der Verletzten eingeleitet werden. Der einmal gestellte Strafantrag kann jedoch nicht zurückgezogen werden.

§ 239. Auch ohne Antrag der Verletzten ist die Strafverfolgung einzuleiten:

1. wenn dem Täter ein zweites, von Amts wegen zu verfolgendes Verbrechen zur Last fällt, welches hinsichtlich der Zeit oder des Ortes der Begehung mit einem der in den obigen Paragraphen dieses Abschnittes bezeichneten Verbrechen zusammenhängt;

2. wenn das Verbrechen den Tod der verletzten Person verursacht hat;

3. wenn einer der im § 235 bezeichneten Fälle vorliegt.

§ 240. Notzucht, gewaltsame Unzucht und Schändung bleiben straflos, wenn der Täter vor Verkündigung des Strafurteiles die verletzte Frauensperson geehelicht hat.

§ 241. Widernatürliche Unzucht, welche zwischen Personen männlichen Geschlechtes oder von Menschen mit Tieren begangen wird, ist ein Vergehen und wird mit Gefängnis bis zu einem Jahre bestraft.

§ 242. Widernatürliche Unzucht ist ein Verbrechen und wird mit Kerker bis zu fünf Jahren bestraft, wenn dieselbe zwischen Personen männlichen Geschlechtes unter Anwendung von Gewalt oder Drohungen begangen wird; hat aber das Verbrechen den Tod des Verletzten verursacht, so wird es mit lebenslänglichem Zuchthaus bestraft.

§ 243. Der Beischlaf zwischen Verwandten auf- und absteigender Linie ist Blutschande und wird an den ersteren mit Zuchthaus bis zu fünf Jahren, an den letzteren mit Gefängnis bis zu zwei Jahren bestraft.

Andere unzüchtige Handlungen zwischen Verwandten auf- und absteigender Linie werden an ersteren mit Zuchthaus bis zu drei, an letzteren mit Gefängnis zu einem Jahre bestraft.

Verwandte absteigender Linie bleiben jedoch straflos, wenn sie bei Verübung der Handlung ihr achtzehntes Lebensjahr noch nicht überschritten haben.

§ 244. Der Beischlaf zwischen Geschwistern bildet ebenfalls das Verbrechen der Blutschande und wird mit Kerker bis zu zwei Jahren bestraft.

Die Strafe trifft auch die zwischen Brüdern begangene widernatürliche Unzucht.

Die Strafverfolgung tritt nur auf Antrag der Eltern oder des Kurators ein.

Im Falle des § 242 ist das Verbrechen von Amts wegen zu verfolgen und mit der daselbst bestimmten Strafe zu belegen.

§ 245. Wer einer Frauensperson vorspiegelt, daß er ihr Gatte sei, und deren Irrtum mißbraucht, um mit ihr Beischlaf zu pflegen, begeht ein Unzuchtsverbrechen und wird mit Kerker bis zu drei Jahren bestraft.

Die Strafverfolgung findet nur auf Antrag der beleidigten Frau oder ihres Gatten statt.

§ 246. Der Ehebruch wird, wenn wegen desselben durch rechtskräftiges Urteil auf Trennung der Ehe oder auf Scheidung erkannt worden ist, mit Gefängnis bis zu drei Monaten bestraft.

Die Überreichung der Trennungs- oder Scheidungsklage unterbricht die Verjährung, welche jedoch vom Tage der Rechtskraft des Urteiles wieder zu laufen beginnt.

Die Verfolgung tritt nur auf Antrag des beleidigten Ehegatten ein.

§ 247. Eltern, welche ihre ehelichen oder natürlichen Töchter zum Beischlaf mit anderen oder welche ihre ehelichen oder natürlichen Kinder zu geschlechtlicher oder widernatürlicher Unzucht mit anderen verleiten, begehen das Verbrechen der Kuppelei und werden mit Zuchthaus bis zu fünf Jahren bestraft.

Dieselbe Strafe trifft auch diejenigen, welche ihrer Vormundschaft, Kuratel, Erziehung, ihrem Gerichte, beziehungsweise ihrer Aufsicht anvertraute Personen zu solchen Handlungen verführen.

Laut Artikel XIII des Gesetz-Artikels XXXVI vom Jahre 1908 sind hier dessen §§ 43—47 einzuschalten:

§ 43. Das Vergehen der Kuppelei begeht, wer eine anständige Frauensperson, die ihr zwanzigstes Lebensjahr noch nicht vollendet hat, aus Eigennutz für einen anderen zum aufserehelichen Beischlaf oder zur Unzucht vorsätzlich gewinnt, oder zu gewinnen trachtet.

Das Strafverfahren kann nur auf Antrag eingeleitet werden. Der Antrag ist unwiderruflich.

§ 44. Das Vergehen der Kuppelei begeht, wer eine anständige Frauensperson vorsätzlich dazu veranlafst, zu dem im vorstehenden Paragraphen bestimmten Zwecke in ein Bordell oder ein ähnliches Geschäft einzutreten. Der Versuch ist strafbar.

Die Handlung ist ein Verbrechen, wenn die Verletzte ihr zwanzigstes Lebensjahr noch nicht vollendet hat.

Das Verbrechen der Kuppelei begeht auch derjenige, der eine Frauensperson in einem Bordell oder ähnlichen Geschäft gegen ihren Willen aus welcher Ursache immer zurückhält.

§ 45. Die Kuppelei ist ohne Rücksicht auf das Alter und die Sittlichkeit der verletzten Frauensperson ein Verbrechen, wenn der Täter:

1. dieselbe mit Arglist, Gewalt oder Drohung begeht;

2. die Handlung gegen eine Angehörige (StGB. § 78), gegen eine ihm zur Erziehung, zum Unterricht oder zur Aufsicht anvertraute, oder gegen eine ihm untergeordnete Frauensperson begeht;

3. die Frauensperson ins Ausland führt oder führen läfst;

4. sich mit Kuppelei geschäftsmäfsig befafst, oder wegen Kuppelei schon einmal bestraft wurde, und seit Abbüfsung seiner Strafe zehn Jahre noch nicht verstrichen sind.

§ 46. Das Vergehen der Kuppelei wird mit Gefängnis bis zu zwei Jahren, das Verbrechen der Kuppelei mit Kerker bis zu drei Jahren bestraft.

Hat die verletzte Frauensperson ihr zwanzigstes Lebensjahr noch nicht vollendet, so wird das Verbrechen der Kuppelei in den Fällen des letzten Absatzes des § 44 und in jenen des § 45 mit Zuchthaus bis zu drei Jahren bestraft.

Wer die Handlung aus Gewinnsucht begeht, wird aufser der Freiheitsstrafe wegen Vergehens mit einer Geldstrafe von hundert bis zu zweitausend Kronen, wegen Verbrechens mit einer Geldstrafe von vierhundert bis viertausend Kronen bestraft.

Wer eine Frauensperson zum Zwecke der Unterbringung in einem Bordell oder ähnlichen Geschäft ins Ausland führt oder führen läfst, wird mit Zuchthaus bis zu fünf Jahren und einer Geldstrafe von tausend bis zu fünftausend Kronen, im Falle der geschäftsmäfsigen Begehung, sowie wenn der

Täter wegen eines gleichen Verbrechens schon einmal bestraft wurde, und seit Abbüfsung seiner Strafe zehn Jahre noch nicht verstrichen sind, mit Zuchthaus von fünf bis zu zehn Jahren und einer Geldstrafe von zweitausend bis zu achttausend Kronen bestraft.

§ 47. Wegen Verbrechens und Vergehens der Kuppelei ist auch der Amtsverlust und die zeitweilige Entziehung der politischen Rechte zu verhängen.

§ 248. Wer unzüchtige Schriften, Druckwerke oder bildliche Darstellungen an öffentlichen Orten ausstellt, verkauft oder verbreitet, begeht ein Vergehen gegen die Sittlichkeit und wird mit Gefängnis bis zu drei Monaten und an Geld bis zu hundert Gulden bestraft.

Der Verfasser, Verfertiger oder Drucker solcher Schriften, Druckwerke oder bildlicher Darstellungen wird, wenn deren Vervielfältigung, Verbreitung oder öffentliche Ausstellung mit seinem Wissen erfolgt, mit Gefängnis bis zu sechs Monaten und an Geld bis zu fünfhundert Gulden bestraft.

§ 249. Wer durch eine die Schamhaftigkeit verletzende Handlung öffentlich Ärgernis erregt, wird mit Gefängnis bis zu drei Monaten und an Geld bis zu zweihundert Gulden bestraft.

§ 250. Wegen der in den obigen Paragraphen dieses Abschnittes bezeichneten Verbrechen ist neben den oben festgesetzten Strafen auch noch auf Amtsverlust zu erkennen.

XV. Abschnitt.

Zweifache Ehe.

§ 251. Wer in einer giltigen Ehe lebt und sich abermals verheiratet; desgleichen eine nicht verheiratete Person, welche mit einem Ehegatten, wissend, daß er verheiratet ist, eine Ehe eingeht, begeht das Verbrechen der zweifachen Ehe und wird mit Kerker bis zu drei Jahren bestraft.

Wer jedoch den mit ihm in Ehe tretenden Teil in bezug auf den Bestand der früheren Ehe in Irrtum geführt hat, wird mit Kerker bis zu fünf Jahren bestraft.

§ 252. Ein Seelsorger, welcher wissend, daß eine zu schließende Ehe eine zweifache wäre, die Parteien traut, wird mit Kerker bis zu fünf Jahren bestraft.

§ 253. Ein Seelsorger, dem bei Schließung einer zweifachen Ehe eine Fahrlässigkeit zur Last fällt, begeht ein Vergehen und wird mit Gefängnis bis zu einem Jahre bestraft.

XVI. Abschnitt.

Verbrechen und Vergehen in Beziehung auf den Familienstand.

§ 254. Wer ein Kind unterschiebt, verwechselt, beiseite schafft, verheimlicht, an einem gewöhnlich belebten Orte aussetzt, auf eine andere Weise seines Familienstandes beraubt oder diesen Stand verändert, begeht ein Verbrechen gegen den Familienstand und wird mit Kerker bis zu einem Jahre bestraft.

Wurde aber die Handlung in gewinnsüchtiger Absicht begangen, so wird sie mit Zuchthaus bis zu fünf Jahren bestraft.

§ 255. Wer bei Eingehung einer Ehe dem anderen Teile ein trennendes Ehehindernis verschweigt oder ihn zur Eingehung der Ehe durch eine solche Täuschung bewogen hat, wegen welcher die Ehe aufgelöst oder für nichtig erklärt wurde, begeht ein Verbrechen gegen den Familienstand und wird mit Kerker bis zu zwei Jahren bestraft.

Die Strafverfolgung tritt bei diesem Verbrechen nur auf Antrag des verletzten Teiles ein.

§ 256. Ein Seelsorger, welcher wissend, daß ein solches Ehehindernis besteht, welches die Ehe auflösbar oder nichtig macht, die Parteien dennoch traut, wird mit Kerker bis zu drei Jahren bestraft.

§ 257. Ein Seelsorger, welchem bei Schließung einer wegen eines Ehehindernisses auflösbaren oder nichtigen Ehe eine Fahrlässigkeit zur Last fällt, begeht ein Vergehen und wird mit Gefängnis bis zu sechs Monaten bestraft.

XXXI. Gesetz-Artikel vom Jahre 1894 über das Eherecht. (S. 515.)

§ 121. Die Bestimmungen der §§ 252, 253, 256 und 257 des Strafgesetzes über Verbrechen und Vergehen sind mit der Änderung, dafs neben dem Freiheitsverluste auch auf Verlust des bekleideten Amtes zu erkennen ist, von dem Tage des Inkrafttretens des gegenwärtigen Gesetzes angefangen, auf den bei der Eheschliefsung tätigen Zivilbeamten anzuwenden.

Unter der in den §§ 255, 256 und 257 des Strafgesetzes über Verbrechen und Vergehen erwähnten auflösbaren oder nichtigen Ehe ist die nach dem gegenwärtigen Gesetze anfechtbare oder nichtige Ehe, unter dem in den angeführten Paragraphen erwähnten Ehehindernisse aber die im gegenwärtigen Gesetze enthaltenen Ungültigkeitsursachen zu verstehen.

§ 122. Der Zivilbeamte, welcher weifs, dafs irgend ein in den §§ 14 bis 25 und 27 des gegenwärtigen Gesetzes enthaltenes Hindernis obwaltet, oder dafs er zur Mitwirkung bei der Eheschliefsung nicht berechtigt ist, und dennoch bei der Eheschliefsung mitwirkt, begeht ein Vergehen und wird, sofern seine Tat keine schwerer zu bestrafende Handlung bildet, mit Gefängnis bis zu sechs Monaten und mit Verlust des bekleideten Amtes bestraft.

Der Zivilbeamte, welcher die im vorhergehenden Absatz erwähnte Tat aus Fahrlässigkeit begeht, wird, sofern seine Tat keine schwerer zu bestrafende Handlung bildet, wegen Vergehens mit einer Geldstrafe bis zu tausend Kronen bestraft; im

Wiederholungsfalle kann auch auf Verlust des bekleideten Amtes erkannt werden.

§ 123. Der Seelsorger oder die zur Vornahme einer religiösen Zeremonie berechtigte andere Person, welche bei einer kirchlichen Trauung fungiert, bevor die Parteien nachgewiesen haben, daſs sie die Ehe vor dem Zivilbeamten geschlossen haben, begeht ein Vergehen und wird mit einer Geldstrafe bis zu tausend Kronen bestraft; im Wiederholungsfalle tritt Gefängnisstrafe bis zu zwei Monaten und Geldstrafe bis zu tausend Kronen ein.

Wenn es sich herausstellt, daſs die Ehe vorher vor dem Zivilbeamten geschlossen wurde, ist die Handlung als Übertretung mit einer Geldstrafe bis zu dreihundert Kronen zu bestrafen. Die Handlung ist nicht strafbar, wenn die kirchliche Trauung während einer mit dem nahen Tode drohenden Krankheit der einen Partei erfolgte.

§ 124. Wer einem im gegenwärtigen Gesetze enthaltenen Ehehindernisse oder Ungültigkeitsgrunde zuwider wissentlich eine Ehe schlieſst, begeht, sofern seine Handlung keine schwerer zu bestrafende Tat bildet, ein Vergehen und wird mit Gefängnis bis zu drei Monaten und einer Geldstrafe bis tausend Kronen bestraft.

XVII. Abschnitt.

Verleumdung und Ehrenbeleidigung.

§ 258. Wer über einen anderen in Gegenwart mehrerer dritter Personen oder vor mehreren, wenn auch nicht an demselben Orte befindlichen Personen eine Tatsache behauptet, welche im Falle ihrer Bewahrheitung den Anlaß zur Einleitung einer Strafverfolgung gegen denjenigen, über den sie behauptet wird, bilden oder denselben in der öffentlichen Meinung verächtlich machen würde, begeht das Vergehen der Verleumdung und wird mit Gefängnis bis zu sechs Monaten und an Geld bis zu fünfhundert Gulden bestraft.

§ 259. Mit Gefängnis bis zu einem Jahre und an Geld bis zu tausend Gulden wird die Verleumdung bestraft, wenn der Verleumder seine Behauptung durch den Druck oder durch eine öffentlich ausgestellte bildliche Darstellung veröffentlicht oder verbreitet hat.

§ 260. Wegen Verleumdung wird mit Gefängnis bis zu einem Jahre bestraft: wer einen anderen vor einer Behörde einer strafbaren Handlung beschuldigt, wenn sich die Anschuldigung als unwahr erweist und das Verbrechen oder Vergehen der falschen Anschuldigung (§ 227) nicht vorliegt.

§ 261. Wer gegen einen anderen einen beschimpfenden Ausdruck gebraucht oder eine beschimpfende Handlung verübt, begeht — insoweit der Fall des § 258 nicht vorliegt — das Vergehen der Ehrenbeleidigung und wird an Geld bis zu fünfhundert Gulden bestraft. Wurde jedoch die Beschimpfung auf die im § 259 bezeichnete Weise veröffentlicht oder verbreitet, so tritt Gefängnis bis zu drei Monaten und Geldstrafe bis zu fünfhundert Gulden ein.

Verursacht aber die Handlung eine körperliche Verletzung, so sind die hierauf bezüglichen gesetzlichen Bestimmungen anzuwenden.

§ 262. Öffentliche, wenn auch nicht im Wege der Presse begangene Verleumdungen und Ehrenbeleidigungen gegen die auf Grund eines Gesetzes gebildeten Körperschaften, Behörden oder deren Deputationen und Mitglieder werden mit Gefängnis bis zu einem Jahre und an Geld bis zu zweitausend Gulden bestraft.

§ 263. Im Falle der Verleumdung oder der Ehrenbeleidigung ist der Beweis der Wahrheit der behaupteten Tatsache oder des gebrauchten Ausdruckes zulässig:

1. wenn der Beleidigte ein öffentlicher Beamter oder Mitglied einer Behörde ist, und die Behauptung oder der Ausdruck sich auf die Ausübung seines Amtes bezieht;

2. wenn wegen der behaupteten Tatsache zur Zeit der Behauptung die Strafverfolgung bereits eingeleitet war;

3. wenn die behauptete Tatsache durch ein rechtskräftiges Urteil als wahr erklärt ist;

4. wenn der Beleidigte selbst die Zulassung des Wahrheitsbeweises fordert;

5. wenn der Angeklagte nachweist, daß der Zweck seiner Behauptung die Wahrung oder Beförderung öffentlicher oder rechtlicher Privatinteressen war.

Der Beweis der Wahrheit der Behauptung oder des Ausdruckes bewirkt für den Angeklagten Straflosigkeit.

§ 264. Der Beweis der Wahrheit einer Behauptung oder eines Ausdruckes ist ausgeschlossen und darf selbst auf Verlangen des Beleidigten nicht zugelassen werden:

1. wenn die Verleumdung oder Ehrenbeleidigung gegen eine im § 272 angeführte Person begangen wurde;

2. wenn die Behauptung oder der Ausdruck sich auf eine Handlung bezieht, wegen welcher nur auf Antrag des Verletzten die Strafverfolgung eingeleitet werden darf, und der Antragsberechtigte (§ 113) einen solchen Antrag nicht gestellt oder denselben zurückgezogen hat;

3. wenn in Beziehung auf die behauptete Tatsache ein rechtskräftiges freisprechendes Urteil geschöpft oder ein Einstellungsbeschluß gefaßt wurde;

4. wenn die Behauptung oder der Ausdruck Verhältnisse des Familienlebens betrifft oder die weibliche Ehre angreift.

§ 265. Ein Beweis darüber, daß die behauptete Tatsache allgemein bekannt ist, wird nicht zugelassen.

§ 266. Wegen Verleumdung und Ehrenbeleidigung findet keine Strafverfolgung statt, wenn die Tatsache oder der beschimpfende Ausdruck bei Verhandlung einer vor einer Behörde anhängigen Angelegenheit mündlich oder in den Schriftstücken rücksichtlich dieser Angelegenheit und über eine der Parteien gebraucht wird, oder wenn beleidigende Folgerungen aus den in der Angelegenheit sich ergebenden Tatsachen oder Umständen abgeleitet werden.

Diese Bestimmung schließt jedoch weder das Disziplinarverfahren gegen den betreffenden Advokaten, beziehungsweise Notar, noch die Anwendung anderer gesetzlicher Bestimmungen behufs Ahndung der verleumderischen oder beleidigenden Ausdrücke aus.

§ 267. Ist wegen der behaupteten Tatsache das Straf- oder Disziplinarverfahren eingeleitet worden, ehe das Gericht über die Verleumdung oder die Ehrenbeleidigung rechtskräftig erkannt hat, so ist das Verfahren über die Verleumdung oder Ehrenbeleidigung so lange zu unterbrechen, bis das Straf- oder Disziplinarverfahren über jene Tatsache beendigt ist.

§ 268. Wegen der in diesem Abschnitte bezeichneten strafbaren Handlungen tritt die Strafverfolgung nur auf Antrag des Beleidigten ein.

§ 269. Wird die Verleumdung oder Beleidigung gegen den Reichstag, eines der beiden Häuser derselben, den kroatisch-slavonisch-dalmatinischen Landtag, eine Kommission dieser Körperschaften, gegen die Delegationen, eine derselben oder gegen eine Deputation einer dieser Körperschaften begangen, so ist die Strafverfolgung von Amts wegen, jedoch nur über Ermächtigung der beleidigten Körperschaft oder jener Körperschaft einzuleiten, welche die beleidigte Kommission, beziehungsweise Deputation gewählt hat.

§ 270. Von Amts wegen findet die Einleitung der Strafverfolgung statt:

1. wenn über eine Behörde oder eine Deputation derselben (§ 271), oder

2. über einen öffentlichen Beamten hinsichtlich dessen Amtspflichten eine Tatsache behauptet wurde, deren Bewahrheitung eine strafrechtliche oder disziplinare Bestrafung nach sich ziehen würde;

3. wenn die Verleumdung oder Ehrenbeleidigung gegen die gemeinsame Armee oder Kriegsmarine, gegen die Landwehr oder gegen einen selbständigen Teil derselben begangen wurde.

Ist die Verleumdung oder Beleidigung gegen einen königlich ungarischen Minister oder gegen einen kaiserl. und königl. gemeinsamen Minister in bezug auf ihre amtliche Tätigkeit gerichtet, so kann die Strafverfolgung nur über Ermächtigung des beleidigten Ministers eingeleitet werden. Ist die Verleumdung oder Beleidigung gegen die ganze Regierung gerichtet, so ist zur Einleitung der Strafverfolgung die Ermächtigung des Ministerrates, in den unter Z. 3 angeführten Fällen aber die Ermächtigung des gemeinsamen Kriegsministers, beziehungsweise des Landesverteidigungsministers erforderlich.

§ 271. Werden über Gerichte, Richter, richterliche Beamte, über die Staatsanwaltschaft oder deren Mitglieder in Hinsicht auf ihre

Amtspflichten Tatsachen behauptet, deren Bewahrheitung eine strafrechtliche oder disziplinare Bestrafung nach sich ziehen würde, so ist die Strafverfolgung wegen Verleumdung von Amts wegen, jedoch nur über Ermächtigung des Justizministers einzuleiten.

§ 272. Ist die Verleumdung oder Beleidigung:

1. gegen den Monarchen oder das Oberhaupt eines fremden Staates;

2. gegen einen bei Sr. Majestät beglaubigten Gesandten oder Geschäftsträger (Chargé d'affaires) eines fremden Staates gerichtet, so ist die Strafverfolgung von Amts wegen einzuleiten, wenn von seiten des betreffenden Staates, Gesandten, beziehungsweise Geschäftsträgers auf diplomatischem Wege ein solches Verlangen gestellt wird.

§ 273. Verleumdungen und Beleidigungen gegen Verstorbene sind gleichfalls nach den Bestimmungen dieses Abschnittes zu bestrafen.

Der Strafantrag steht jedoch nur den Kindern, Eltern, Geschwistern oder dem Ehegatten des Verstorbenen zu.

Diese Bestimmung gilt auch dann, wenn der Verleumdete bei Begehung der Verleumdung oder Beleidigung noch am Leben war, aber vor seinem Tode die Einleitung der Strafverfolgung nicht beantragt hat.

§ 274. Bei wechselseitigen Verleumdungen oder Ehrenbeleidigungen steht, solange die auf Antrag der einen Partei eingeleitete Strafverfolgung nicht beendigt ist, der anderen Partei das Recht zu, wegen der gegen sie begangenen Beleidigung die Strafverfolgung zu beantragen, wenn auch die Verjährungsfrist schon abgelaufen ist. (§ 112.)

§ 275. Ist eine Beleidigung auf der Stelle erwidert worden, so kann das Gericht unter Feststellung der Schuldfrage beiden Parteien oder einer derselben die Strafe erlassen.

§ 276. Wurde auf Antrag einer Privatpartei eine Strafverfolgung eingeleitet (§ 113), und hat diese ihren Antrag zurückgezogen, oder wurde der Angeklagte rechtskräftig freigesprochen, so kann dieser — insoweit nicht der Fall einer falschen Anschuldigung vorliegt — binnen drei Monaten vom Tage der Zurückziehung des Antrages oder der Freisprechung die Strafverfolgung gegen seinen Ankläger beantragen.

§ 277. Im Falle einer Verurteilung wegen Verleumdung oder Ehrenbeleidigung ist auf Verlangen des Beleidigten anzuordnen, daß das Urteil in seinem ganzen Umfange samt den Entscheidungsgründen auf Kosten des Verurteilten in einer Zeitung der Gegend, in welcher die strafbare Handlung begangen wurde, und wenn daselbst keine Zeitung erscheint, in einer durch den Beschädigten zu bezeichnenden inländischen Zeitung veröffentlicht werde.

Dieses Verlangen muß jedoch während der Verhandlung gestellt werden.

Wurde jedoch die strafbare Handlung in einer periodischen Druckschrift begangen, so ist das Urteil samt den Entscheidungsgründen an der Spitze der ersten nach Verkündigung oder Zustellung des rechtskräftigen Urteils erscheinenden Nummer derselben Zeitschrift zu veröffentlichen.

XVIII. Abschnitt.

Verbrechen und Vergehen wider das Leben.

§ 278. Wer einen Menschen mit überlegtem Vorsatze tötet, begeht das Verbrechen des Mordes und wird mit dem Tode bestraft.

§ 279. Wer einen Menschen vorsätzlich, jedoch ohne vorherige Überlegung tötet, begeht das Verbrechen des vorsätzlichen Totschlages und wird mit Zuchthaus von zehn bis zu fünfzehn Jahren bestraft.

§ 280. Mit lebenslänglichem Zuchthaus wird der vorsätzliche Totschlag bestraft, wenn der Täter ihn an einem ehelichen Verwandten aufsteigender Linie, an seinem Ehegatten oder an mehreren Menschen, oder wenn ihn ein uneheliches Kind an seiner leiblichen Mutter oder im Falle der Legitimation an seinem natürlichen Vater begangen hat.

§ 281. Ist der Vorsatz in einer heftigen Aufregung des Täters gefaßt und sofort ausgeführt worden, so wird der Totschlag mit Zuchthaus bis zu fünf Jahren bestraft.

Ist aber die heftige Aufregung dadurch hervorgerufen worden, daß der Getötete den Täter oder dessen Angehörige widerrechtlich schwer mißhandelte oder beleidigte, und wurde der Totschlag in dieser Aufregung sofort ausgeführt, so tritt Kerker bis zu fünf Jahren ein.

Der an einem Verwandten auf- oder absteigender Linie oder an einem Ehegatten in heftiger Aufregung verübte Totschlag wird mit Zuchthaus von fünf bis zu zehn Jahren bestraft.

§ 282. Ist jemand zur Tötung eines Menschen durch dessen ausdrückliches und bestimmtes Verlangen bestimmt worden, so wird derselbe mit Kerker bis zu drei Jahren bestraft.

§ 283. Mit Gefängnis bis zu drei Jahren wird bestraft, wer einen anderen zum Selbstmorde bestimmt oder ihm zu diesem Zwecke wissentlich Mittel und Werkzeuge verschafft.

Haben jedoch zwei Personen verabredet, daß es auf eine im vorhinein bestimmte Weise vom Lose abhängig gemacht werde, welche von ihnen zum Selbstmörder werden soll, und wurde infolge dessen die auf den Selbstmord gerichtete Handlung ausgeführt, so ist, wenn der Tod nicht erfolgte, gegen beide auf Staatsgefängnis von einem bis zu fünf Jahren zu erkennen. Ist aber der Tod eingetreten, so wird der Überlebende mit Staatsgefängnis von fünf bis zu zehn Jahren bestraft.

§ 284. Eine Mutter, welche ihr uneheliches Kind während oder unmittelbar nach der Geburt vorsätzlich tötet, wird mit Kerker bis zu fünf Jahren bestraft.

§ 285. Eine schwangere Frauensperson, welche ihre Leibesfrucht vorsätzlich abtreibt oder im Mutterleibe tötet oder solches durch einen anderen bewerkstelligen läßt, wird, wenn die Schwangerschaft eine uneheliche ist, mit Kerker bis zu zwei Jahren, im anderen Falle mit Kerker bis zu drei Jahren bestraft.

Dieselbe Strafe trifft denjenigen, welcher dieses Verbrechen mit Einwilligung der Frauensperson begeht; hat er aber die Handlung aus Gewinnsucht verübt, so tritt Kerker bis zu fünf Jahren ein.

§ 286. Wer die Leibesfrucht einer Schwangeren ohne deren Wissen und Willen vorsätzlich abtreibt oder tötet, wird mit Zuchthaus bis zu fünf Jahren bestraft.

Wird aber hierdurch der Tod der Schwangeren verursacht, so tritt Zuchthaus von zehn bis zu fünfzehn Jahren ein.

§ 287. Eltern, welche ihr infolge seines Alters oder seines Zustandes hilfloses Kind an einem abgelegenen oder gewöhnlich unbelebten Orte aussetzen oder unter solchen Umständen verlassen, daß dessen Rettung vom Zufalle abhängt, begehen das Verbrechen der Kindesaussetzung und werden mit Zuchthaus bis zu fünf Jahren bestraft.

Wer eine infolge ihres Alters oder ihres Zustandes hilflose Person, zu deren Pflege er verpflichtet ist, oder welche unter seiner Aufsicht steht, aussetzt oder in hilfloser Lage verläßt, wird mit Kerker bis zu drei Jahren bestraft.

Hat durch die Aussetzung oder das Verlassen die ausgesetzte oder verlassene Person eine schwere Körperverletzung erlitten, so wird die Handlung mit Zuchthaus bis zu fünf Jahren, und wenn hierdurch der Tod verursacht wurde, mit Zuchthaus bis zu zehn Jahren bestraft.

§ 288. Eine auf Verübung des im § 278 bezeichneten Verbrechens abzielende Verbindung wird, wenn eine Vorbereitungshandlung hinzutritt, mit Kerker bis zu zwei Jahren bestraft.

§ 289. Neben den in den obigen Paragraphen dieses Abschnittes festgesetzten Strafen ist auch Amtsverlust zu verhängen.

§ 290. Wer durch Fahrlässigkeit den Tod eines Menschen verursacht, begeht das Vergehen der fahrlässigen Tötung und wird mit Gefängnis bis zu drei Jahren bestraft.

§ 291. Ist aber der Tod eines Menschen durch Unkenntnis oder Nachlässigkeit des Täters in seinem Berufe oder seiner Beschäftigung oder durch einen Fehler gegen die Regeln derselben herbeigeführt worden, so tritt Gefängnis bis zu drei Jahren und Geldstrafe von hundert bis zu zweitausend Gulden ein.

In den Fällen dieses Paragraphen kann das Gericht dem Schuldigen die Ausübung seines Berufes oder seiner Beschäftigung nach Ermessen für immer oder für bestimmte Zeit untersagen und die Gestattung der Wiederausübung von einer neuerlichen Prüfung oder einem anderen Nachweise über die Aneignung der erforderlichen Kenntnisse abhängig machen.

§ 292. Sind im Falle eines Mordes oder einer Tötung nach dem Verstorbenen solche Personen verblieben, für deren Erhaltung er zu sorgen verpflichtet war, so ist zu deren Gunsten auf eine angemessene Entschädigung zu erkennen, welche den Verhältnissen entsprechend in einem ein für allemal zu bezahlenden Kapitale oder in einer Jahresrente bestehen kann.

XIX. Abschnitt.

Zweikampf.

§ 293. Die Herausforderung zum Zweikampfe, sowie die Annahme der Herausforderung bildet ein Vergehen und wird mit Staatsgefängnis bis zu sechs Monaten bestraft.

§ 294. Die im vorigen Paragraphen festgesetzte Strafe trifft auch die Sekundanten, sowie alle jene, welche die Beilegung des Streites verhindern (§ 300).

§ 295. Wer jemand zum Zweikampfe unmittelbar aneifert oder weil derselbe einen andern nicht zum Zweikampfe herausfordert oder eine Herausforderung nicht annimmt, mit Verachtung bedroht, wird mit Staatsgefängnis bis zu einem Jahre bestraft.

§ 296. Wer zum Zweikampfe sich bewaffnet stellt, wird mit Staatsgefängnis bis zu einem Jahre bestraft.

§ 297. Wenn die Parteien den Zweikampf aufgeben, darf niemand gestraft werden.

§ 298. Wer seinen Gegner im Zweikampfe verwundet, wird mit Staatsgefängnis bis zu zwei Jahren bestraft.

Verliert der Verwundete ein Glied oder einen Sinn seines Körpers oder entsteht aus der Verwundung ein unheilbares Gebrechen, so ist die Strafe Staatsgefängnis bis zu drei Jahren.

Wer jedoch seinen Gegner im Zweikampfe tötet, wird, wenn auch der Tod nicht auf der Stelle eintritt, mit Staatsgefängnis bis zu fünf Jahren bestraft.

§ 299. Wer die herkömmlichen oder durch gemeinsame Verabredung festgesetzten Regeln des Zweikampfes übertritt und infolge dessen seinen Gegner tötet, wird mit der Strafe des vorsätzlichen Totschlages bestraft; hat er aber den Gegner verwundet, so trifft ihn die Strafe des Verbrechens der schweren Körperverletzung (§ 302).

In diesem Falle werden die Sekundanten als Teilnehmer bestraft.

§ 300. Straflos sind: die beim Zweikampfe anwesenden Zeugen und Ärzte; ferner mit Ausnahme der Fälle des vorigen Paragraphen die Sekundanten, welche den Zweikampf zu verhindern bestrebt waren.

XX. Abschnitt.

Körperverletzung.

§ 301. Wer vorsätzlich, aber ohne die Absicht zu töten, einen andern körperlich mißhandelt oder an der Gesundheit beschädigt, begeht, wenn die dadurch verursachte Verletzung, Krankheit oder Geistesstörung länger als zwanzig Tage dauert, das Verbrechen der schweren Körperverletzung; dauert dieselbe weniger als zwanzig, aber länger als acht Tage, so liegt das Vergehen der schweren Körperverletzung, und wenn dieselbe nicht länger als acht Tage dauert, das Vergehen der leichten Körperverletzung vor.

§ 302. Das Verbrechen der schweren Körperverletzung wird mit Kerker bis zu drei Jahren; das Vergehen der schweren Körperverletzung mit Gefängnis bis zu einem Jahre und an Geld bis zu fünfhundert Gulden; das Vergehen der leichten Körperverletzung mit Gefängnis bis zu sechs Monaten und an Geld bis zu zweihundert Gulden bestraft.

Wird eine Körperverletzung an Verwandten aufsteigender Linie verübt, so ist das Verbrechen der schweren Körperverletzung mit Kerker bis zu fünf Jahren, das Vergehen der schweren Körperverletzung mit Gefängnis bis zu drei Jahren, das Vergehen der leichten Körperverletzung mit Gefängnis bis zu zwei Jahren zu bestrafen.

§ 303. Mit Kerker bis zu fünf Jahren wird die Körperverletzung bestraft: wenn der Verletzte durch dieselbe ein wichtiges Glied des Körpers, einen Sinn, Sprache, Gehör, Sehvermögen oder Zeugungsfähigkeit verliert; wenn ein Glied, ein Sinn oder eine dieser Fähigkeiten unbrauchbar, wenn der Verletzte dadurch zum Krüppel wird; wenn er in Geisteskrankheit, oder in voraussichtlich lange dauernde Krankheit fällt; wenn er zur Fortsetzung seiner regelmäßigen Beschäftigung für immer oder für voraussichtlich lange Zeit unfähig oder wenn er auffallend verunstaltet wird.

Wurde jedoch eine solche Verletzung einem Verwandten aufsteigender Linie zugefügt, so tritt Zuchthaus bis zu fünf Jahren ein.

§ 304. Die im § 303 festgesetzte Strafe ist auch anzuwenden, wenn die Körperverletzung an einer schwangeren Frauensperson begangen wird, und diese infolge dessen die Leibesfrucht verliert.

§ 305. Ist die Absicht des Täters auf eine der in den §§ 303 und 304 bezeichneten Folgen gerichtet und ist diese auch eingetreten, so ist die Strafe Zuchthaus bis zu fünf Jahren.

§ 306. Ist infolge der schweren Körperverletzung der Tod des Verletzten eingetreten, so ist die Strafe Zuchthaus bis zu zehn Jahren; war aber die Absicht des Täters auf die in den §§ 303 und 304 bezeichneten Folgen gerichtet, und ist der Tod der Verletzten eingetreten, so ist die Strafe Zuchthaus von fünf bis zu zehn Jahren.

§ 307. Wurde im ersten Falle des § 306 die den Tod verursachende Körperverletzung in einer heftigen Aufregung des Täters verübt, so ist die Strafe Kerker von einem bis zu fünf Jahren.

Wurde aber die heftige Aufregung dadurch hervorgerufen, daß die infolge der Verletzung verstorbene Person den Täter oder dessen Angehörige widerrechtlich schwer mißhandelte, und wurde die Körperverletzung in dieser Aufregung sofort begangen, so ist die Strafe Kerker bis zu drei Jahren.

Die Bestimmungen dieses Paragraphen sind nicht anwendbar, wenn die den Tod verursachende Körperverletzung an des Täters Verwandten aufsteigender Linie begangen wird.

§ 308. Wurde die schwere Körperverletzung durch von mehreren verübte Mißhandlungen herbeigeführt und kann nicht festgestellt werden, wer dieselbe verursacht hat, so wird jeder, der an der Mißhandlung vorsätzlich teilgenommen hat, mit Kerker bis zu zwei Jahren und an Geld bis zu zweihundert Gulden bestraft; ist aber durch die Mißhandlung der Tod eines Menschen verursacht worden, so wird jeder mit Kerker bis zu drei Jahren und an Geld bis zu vierhundert Gulden bestraft.

§ 309. Wer einem andern in der Absicht, dessen Gesundheit zu beschädigen, Gift oder andere schädliche Stoffe beibringt oder dieselben auf welche Weise immer anwendet, wird mit Kerker bis zu fünf Jahren bestraft. Sind die Stoffe lebensgefährlich und wurden dieselben nicht in der Absicht zu töten beigebracht oder angewendet, so ist die Strafe Zuchthaus von drei bis zu fünf Jahren.

Ist durch die Beibringung oder Anwendung lebensgefährlicher Stoffe eine der in den §§ 303 und 304 bezeichneten Folgen oder der Tod eingetreten, so wird der Täter mit Zuchthaus von zehn bis zu fünfzehn Jahren bestraft.

§ 310. Wer durch Fahrlässigkeit einem andern eine schwere Körperverletzung zufügt, wird mit Gefängnis bis zu drei Monaten und an Geld bis zu zweihundert Gulden bestraft.

Ist aber die schwere Körperverletzung durch Unkenntnis oder Nachlässigkeit des Täters in seinem Berufe oder seiner Beschäftigung oder durch einen Fehler gegen die Regeln derselben herbeigeführt worden, so tritt Gefängnis bis zu einem Jahre und Geldstrafe bis zu fünfhundert Gulden ein.

Die Bestimmungen des § 291 betreffend die Untersagung einer Beschäftigung und die Wiedergestattung derselben sind auch in diesem Falle anzuwenden.

§ 311. In den Fällen dieses Abschnittes ist auf Verlangen und zugunsten des Verletzten auch auf eine angemessene Entschädigung zu erkennen, welche bei dauernder Krankheit oder Berufsunfähigkeit, entsprechend den persönlichen oder Familienverhältnissen des Verletzten, in einem ein für allemal zu erlegenden Kapital oder einer Jahresrente bestehen kann.

§ 312. Wegen leichter Körperverletzung tritt die Strafverfolgung nur auf Antrag des Verletzten ein.

§ 313. Eine leichte Körperverletzung, welche von einer zur häuslichen Züchtigung berechtigten Person in Ausübung ihres Rechtes zugefügt wird, bleibt straflos.

XXI. Abschnitt.

Verbrechen und Vergehen wider den öffentlichen Gesundheitsstand.

§ 314. Wer Gegenständen, welche zum öffentlichen Verbrauche dienen und zum Verkaufe oder zur Verteilung bestimmt sind, lebensgefährliche oder gesundheitsschädliche Stoffe beimischt oder beimischen läßt; desgleichen wer so verfälschte oder lebensgefährliche Lebensmittel zum Verkaufe oder zur Verteilung in seinen Geschäfts- oder Warenräumen hält, begeht ein Vergehen gegen den öffentlichen Gesundheitsstand und wird mit Gefängnis bis zu einem Jahre und an Geld von hundert bis tausend Gulden bestraft.

§ 315. Wer im Gebrauche befindliche Brunnen, Wasserleitungen oder Wasserbehälter vergiftet oder wer Lebensmittel, welche mit lebensgefährlichen oder schädlichen Stoffen vermischt sind (§ 314), unter Verschweigung dieser gefährlichen oder schädlichen Eigenschaften verkauft, feilbietet oder verteilt, wird mit Zuchthaus von fünf bis zu zehn Jahren bestraft. Ist hieraus eine schwere Körperverletzung oder der Tod eines Menschen entstanden, so tritt — insoweit nicht ein Mord vorliegt — Zuchthaus von zehn bis zu fünfzehn Jahren ein.

§ 316. Wer die Absperrungs- oder sonstigen Aufsichtsmaßregeln, welche zur Verhütung des Verbreitens einer ansteckenden Krankheit angeordnet sind, verletzt, wird mit Gefängnis bis zu sechs Monaten bestraft.

Ist jedoch infolge der Verletzung der Absperrungs- oder Aufsichtsmaßregeln ein Mensch von der ansteckenden Krankheit ergriffen worden, so tritt Gefängnis bis zu drei Jahren ein.

Der Versuch ist strafbar.

XXII. Abschnitt.

Verletzung der persönlichen Freiheit durch Privatpersonen.

§ 317. Wer ein Kind unter vierzehn Jahren wider dessen Willen aus der Obhut seiner Eltern, seines Kurators oder Aufsehers durch Gewalt, Drohungen oder durch List entführt oder in seiner Gewalt zurückhält, begeht das Verbrechen des Kindesraubes und wird mit Zuchthaus bis zu fünf Jahren bestraft.

§ 318. Mit Zuchthaus von fünf bis zu zehn Jahren wird der Kindesraub bestraft, wenn derselbe zu dem Zwecke begangen wird, um das geraubte Kind zum Betteln, zu anderen gewinnsüchtigen oder unsittlichen Zwecken zu gebrauchen.

§ 319. Wurde aber dem geraubten oder zurückgehaltenen Kinde eine schwere Körperverletzung zugefügt oder an demselben Notzucht oder Schändung begangen, so ist auf Zuchthaus von zehn bis zu fünfzehn Jahren zu erkennen.

§ 320. Wer ein Mädchen unter vierzehn Jahren mit dessen Einwilligung aus der Obhut der Eltern, des Kurators oder Aufsehers entführt oder in seiner Gewalt zurückhält, wird mit Gefängnis bis zu fünf Jahren bestraft.

Wenn aber ein in den §§ 318 und 319 bezeichneter Tatbestand vorliegt, so ist die dort bestimmte Strafe anzuwenden.

§ 321. Wer eine Frauensperson in einer auf Unzucht oder Heirat gerichteten Absicht wider ihren Willen durch Gewalt, Drohungen oder List in seine Gewalt bringt, entführt oder zurückhält, wird mit Zuchthaus bis zu fünf Jahren bestraft.

§ 322. In den Fällen der §§ 317—321 tritt die Strafverfolgung, insofern nicht einer der im § 239 bezeichneten Fälle oder der Fall einer schweren Körperverletzung vorliegt, nur auf Antrag der verletzten Partei ein. Der Antrag kann nicht zurückgezogen werden.

§ 323. Wer einen Menschen widerrechtlich gefangen nimmt, gefangen nehmen läßt, gefangen hält oder auf eine andere Weise der persönlichen Freiheit beraubt; desgleichen wer einen Menschen in einem gesetzlich gestatteten Falle gefangen hält, hiervon aber nicht sobald als möglich der Behörde Anzeige erstattet, begeht das Vergehen der Verletzung der persönlichen Freiheit und wird mit Gefängnis bis zu drei Monaten bestraft.

Hat die Freiheitsentziehung länger als sieben, aber nicht länger als fünfzehn Tage gedauert, so wird sie mit Gefängnis bis zu einem Jahre; hat sie länger als fünfzehn Tage, aber nicht länger als einen Monat gedauert, so wird sie mit Gefängnis bis zu zwei Jahren; hat sie länger als einen Monat, aber nicht drei Monate lang gedauert, so wird sie mit Kerker bis zu drei Jahren; hat sie endlich länger als drei Monate gedauert, so wird sie mit Zuchthaus bis zu fünf Jahren bestraft.

Wurde gegen die gefangene Person eine andere Gewalttätigkeit oder Mißhandlung begangen, so können — insofern dadurch nicht ein schwerer zu bestrafendes Verbrechen vorliegt — die in diesem Paragraphen bestimmten Strafen um je ein Jahr erhöht werden.

§ 324. Mit Zuchthaus von zehn bis fünfzehn Jahren wird die Verletzung der persönlichen Freiheit bestraft:

1. wenn dem Gefangenen durch die Freiheitsentziehung oder Mißhandlung eine in den §§ 303 und 304 bezeichnete Körperverletzung zugefügt wurde;

2. wenn der Gefangene in fremde Kriegsdienste oder in die Sklaverei gebracht wurde.

§ 325. Mit Zuchthaus von zehn bis fünfzehn Jahren wird die Verletzung der persönlichen Freiheit bestraft, wenn ein Gefangener infolge der Freiheitsentziehung oder der hierbei erlittenen Mißhandlungen stirbt und die Handlung keinen Mord bildet.

§ 326. Neben den in diesem Abschnitte festgesetzten Strafen ist auch Amtsverlust zu verhängen. Wenn nach § 323 Zuchthaus eintritt, ferner in Fällen der §§ 324 und 325 ist auch auf zeitweilige Entziehung der politischen Rechte zu erkennen.

XXIII. Abschnitt.

Verletzung des Brief- und Depeschengeheimnisses durch Privatpersonen.

§ 327. Wer an einen anderen gerichtete Briefe, versiegelte Schriften oder telegraphische Depeschen unberechtigterweise wissentlich eröffnet, desgleichen wer sich in den Besitz von an einen anderen gerichteten, wenn auch nicht verschlossenen Briefen oder telegraphischen Depeschen setzt, um deren Inhalt zu erfahren, oder wer zu gleichem Zwecke dieselben einem Dritten widerrechtlich übergibt, begeht ein Vergehen und wird mit Gefängnis bis zu acht Tagen und an Geld bis zu hundert Gulden bestraft.

Wer jedoch ein Geheimnis, in dessen Kenntnis er auf die oben bezeichnete Weise gelangt ist, veröffentlicht oder die Briefe, Schriftstücke oder Depeschen zur Schädigung des Absenders oder des Adressaten benützt, wird mit Gefängnis bis zu drei Monaten und an Geld bis zu tausend Gulden bestraft.

Die Strafverfolgung tritt nur auf Antrag des Verletzten ein.

XXIV. Abschnitt.

Verletzung fremder Geheimnisse.

§ 328. Öffentliche Beamte, Advokaten, Ärzte, Wundärzte, Apotheker und Hebammen, welche ein ihnen kraft ihres Amtes, ihrer Stellung oder ihrer Beschäftigung zur Kenntnis gelangtes oder anvertrautes, den guten Ruf einer Familie oder einer Person gefährdendes Geheimnis ohne gegründete Ursache einem Dritten offenbaren, begehen Vergehen und werden auf Antrag der verletzten Partei mit Gefängnis bis zu drei Monaten und an Geld bis zu tausend Gulden bestraft.

Diese Bestimmung erstreckt sich auch auf die Gehilfen der obenbezeichneten Personen.

§ 329. Diese Bestimmung des vorigen Paragraphen trifft nicht den Fall, wenn die bezeichneten Personen von einem ihnen zur Kenntnis gelangten oder anvertrauten Geheimnisse pflichtgemäß der Behörde Anzeige erstatten, oder wenn sie von der Behörde befragt oder als Zeugen vernommen, dieser das Geheimnis offenbaren.

XXXIV. Gesetz-Artikel vom Jahre 1897, über das Inkrafttreten der Strafprozeſsordnung (S. 351).

§ 20. Wer eine vor dem Strafgericht unter Ausschluſs der Öffentlichkeit durchgeführte Verhandlung oder Hauptverhandlung ohne Erlaubnis der Behörde in irgendeiner Weise, im Ganzen oder zum Teil veröffentlicht, wird, sofern nicht eine schwerer zu bestrafende Handlung vorliegt, mit Gefängnis bis zu drei Monaten und mit einer Geldstrafe bis zu tausend Kronen bestraft.

XXV. Abschnitt.

Hausfriedensbruch durch Privatpersonen.

§ 330. Wer in die Wohnung oder die Geschäftsräume eines anderen oder in die damit zusammenhängenden oder dazu gehörigen Räume oder in einen umfriedeten Raum widerrechtlich gegen den Willen des dort Wohnenden oder über die Wohnung Verfügenden durch Gewalt, Drohungen oder mittelst falscher Schlüssel eindringt, begeht — soweit nicht eine schwerer zu bestrafende Handlung vorliegt — das Verbrechen des Hausfriedensbruchs und wird mit Kerker bis zu zwei Jahren bestraft.

§ 331. Mit Kerker bis zu drei Jahren wird der Hausfriedensbruch bestraft:

1. wenn der Täter sich fälschlich eine amtliche Eigenschaft beilegt oder eine behördliche Verfügung vorgespiegelt hat;
2. wenn der Hausfriedensbruch Nachts oder gemeinschaftlich durch mehrere Personen, oder
3. bewaffnet begangen wurde.

§ 332. Wer in die Wohnung oder Geschäftsräume eines anderen oder in die damit zusammenhängenden oder dazu gehörigen Räume ohne rechtlichen Grund durch List oder gegen Willen des dort Wohnenden oder über die Wohnung Verfügenden eintritt oder daselbst verweilt: wird mit Gefängnis bis zu drei Monaten und an Geld bis zu hundert Gulden bestraft.

Die Strafverfolgung tritt nur auf Antrag des Verletzten ein.

XXVI. Abschnitt.

Diebstahl.

§ 333. Wer eine fremde bewegliche Sache aus dem Besitze oder dem Gewahrsam eines anderen ohne dessen Einwilligung in der Absicht wegnimmt, sich dieselbe rechtswidrig zuzueignen, begeht einen Diebstahl.

III. Gesetz-Artikel vom Jahre 1907 über die Förderung der heimischen Industrie (S. 20).

§ 2, Absatz 3: Der erzeugte elektrische Strom und jede zu technischen Zwecken verwertbare sonstige Energie wird unter denselben strafrechtlichen Schutz gestellt, der bezüglich der Mobilien besteht. Demnach ist die widerrechtliche, in welcher Art immer erfolgende Aneignung, vorsätzliche oder widerrechtliche Schädigung oder Vernichtung der erwähnten Energien in Ungarn nach den auf die Schädigung des fremden beweglichen Vermögens, beziehungsweise den Diebstahl bezüglichen Bestimmungen des G.-A. V.: 1878 und in Kroatien-Slavonien nach den Bestimmungen der dortigen Strafgesetze zu bestrafen.

§ 334*) *ist laut Art. XIV des Gesetz-Artikels XXXVI vom Jahre 1908 durch dessen § 48 ersetzt:*

§ *48. Übersteigt der Wert der gestohlenen Sache nicht zweihundert Kronen, so ist der Diebstahl ein Vergehen, im entgegengesetzten Falle ein Verbrechen.*

Als Wert der gestohlenen Sache ist derjenige Wert anzunehmen, den die Sache zur Zeit des Diebstahls hatte.

§ 335. Bei der Entscheidung darüber, ob der Diebstahl ein Verbrechen oder ein Vergehen bildet, ist der Wert aller Sachen einzubeziehen, welche derselbe Täter, wenn auch bei verschiedenen Diebstählen oder Diebstahlsversuchen entwendet oder zu entwenden versucht oder an deren Entwendung er Teil genommen hat.

§ 336. Ohne Rücksicht auf den Wert der gestohlenen Sache ist der Diebstahl ein Verbrechen:

1. wenn aus einem zu gottesdienstlichen Verrichtungen einer vom Staate anerkannten Religionsgenossenschaft bestimmten Raume Gegenstände gestohlen werden, welche dem Gottesdienste, frommen oder wohltätigen Zwecken gewidmet sind;

2. wenn aus einem Friedhofe Gegenstände, welche zum Andenken an Verstorbene bestimmt sind oder an Leichnamen sich befinden, gestohlen werden;

3. wenn der Diebstahl in einem Gebäude, umschlossenem Raume oder auf einem Schiffe mittelst Einbruches oder Einsteigens begangen wird, oder wenn zum Zwecke des Diebstahls Schlösser oder andere Sicherheitsvorrichtungen erbrochen werden;

4. wenn der Dieb zum Aufschließen falsche oder gestohlene Schlüssel verwendet;

5. wenn am Schauplatze einer Schlacht, einer Feuers- oder Wassersnot oder einer ähnlichen öffentlichen Bedrängnis oder in der Nähe dieses Schauplatzes gestohlen wird;

6. wenn bei Verübung der Handlung zwei oder mehrere Mitglieder einer Räuber- oder Diebsbande zusammengewirkt haben;

7. wenn der Diebstahl von Dienstleuten an ihren Dienstgebern oder deren Hausgenossen begangen wird;

8. wenn der Diebstahl an Personen begangen wird, welche mit dem Diebe in häuslicher Gemeinschaft oder in gemeinschaftlichem Haushalte leben;

9. wenn ein öffentlicher Beamter unter Benützung seiner amtlichen Eigenschaft den Diebstahl begeht;

10. wenn der Dieb oder — falls mehrere den Diebstahl verübt haben — einer von ihnen sich zum Zwecke des Diebstahls fälschlich

---

*) § 334 lautete: Übersteigt der Wert der gestohlenen Sache nicht fünfzig Gulden, so ist der Diebstahl ein Vergehen; im entgegengesetzten Falle ein Verbrechen.

Als Wert der gestohlenen Sache ist jener zu betrachten, welchen sie zur Zeit des Diebstahls besitzt.

eine amtliche Eigenschaft beigelegt oder einen behördlichen Auftrag vorgespiegelt hat.

§ 337. Ohne Rücksicht auf den Wert der gestohlenen Sache ist der Diebstahl ein Verbrechen, wenn der Dieb bei Begehung der Tat Waffen bei sich führt, obgleich er dieselben weder gebraucht noch zeigt.

Die gleiche Strafe trifft auch Täter und Teilnehmer, welche von diesem Umstande vor Beginn der Tat Kenntnis hatten.

§ 338. Ohne Rücksicht auf den Wert der gestohlenen Sachen ist der Diebstahl ein Verbrechen, wenn der Täter wegen der Verbrechen oder Vergehen des Raubes, der Erpressung, des Diebstahls, der Unterschlagung oder der Hehlerei bereits zweimal bestraft worden ist.

Diese Bestimmung ist jedoch nicht anwendbar, wenn seit Verbüßung der dem letzten Diebstahl vorgehenden Strafe bereits zehn Jahre verflossen sind.

§ 339. Das Vergehen des Diebstahls wird mit Gefängnis bis zu sechs Monaten bestraft.

Der Versuch ist strafbar.

§ 340*) *ist laut Art. XIV des Gesetz-Artikels XXXVI vom Jahre 1908 durch dessen § 49 ersetzt:*

> § *49. Das Verbrechen des Diebstahls wird mit Kerker bis zu fünf Jahren bestraft. In den, in den Punkten 3, 4, 5 und 6 des* § *336 des Strgb., sowie in den im* § *338 bestimmten Fällen wird das Verbrechen des Diebstahls, wenn der Wert der gestohlenen Sache zweihundert Kronen übersteigt, mit Zuchthaus bis zu fünf Jahren bestraft.*
>
> *Mit Zuchthaus bis zu zehn Jahren wird der Diebstahl bestraft, wenn:*
>
> *1. der Wert der gestohlenen Sache viertausend Kronen übersteigt und die Handlung auch ohne Rücksicht auf den Wert der gestohlenen Sache ein Verbrechen ist;*
>
> *2. wenn im Falle des § 338 die vorhergehenden Strafen wegen Verbrechens verhängt wurden und die neuerliche Handlung des Täters auch infolge eines anderen Umstandes ein Verbrechen ist;*
>
> *3. der Dieb sich geschäftsmäfsig mit Diebstahl befafst.*

§ 341. Wegen Diebstahls ist neben der Freiheitsstrafe auch Amtsverlust und zeitweilige Entziehung der politischen Rechte zu verhängen.

§ 342. Diebstähle unter Ehegatten, Verwandten auf- und absteigender Linie, Geschwistern oder in gemeinschaftlichem Haushalt

*) § 340 lautete: Das Verbrechen des Diebstahls wird mit Kerker bis zu fünf Jahren, in den Fällen des § 336 Z. 3, 4, 5 und 6, sowie des § 338 jedoch mit Zuchthaus bis zu fünf Jahren bestraft.

lebenden Verwandten; desgleichen Diebstähle, welche von Mündeln an ihren Vormündern, von Pflegebefohlenen an ihren Kuratoren oder von Zöglingen an ihren Erziehern begangen werden, sind nur auf Antrag des Verletzten zu verfolgen.

§ 343. Wer an demjenigen, in dessen Dienst oder Bezahlung er steht oder in dessen Haushalt er lebt oder an den mit dem letzteren in gemeinschaftlichem Haushalt lebenden Angehörigen (§ 78) einen Diebstahl begeht, kann nur auf Antrag des Dienstgebers, des Familienhauptes oder des Verletzten in Strafverfolgung gezogen werden.

XXVII. Abschnitt.

Raub und Erpressung.

§ 344. Wer eine fremde bewegliche Sache dem Besitzer oder Inhaber durch Anwendung von Gewalt oder Drohungen (§ 347) gegen ihn oder gegen eine dritte gegenwärtige Person in der Absicht wegnimmt, um sich dieselbe rechtswidrig zuzueignen, begeht das Verbrechen des Raubes.

§ 345. Als Raub wird betrachtet, wenn der auf frischer Tat ertappte Dieb, um den Diebstahl zu vollführen, oder sich im Besitz der gestohlenen Sache zu erhalten, Gewalt anwendet oder mit Gewalt droht.

§ 346. Als Raub wird ein Diebstahl betrachtet, wenn zum Zwecke seiner Ausführung eine Person in einen Zustand der Bewußtlosigkeit oder Wehrlosigkeit versetzt wird.

§ 347. Unter Drohung wird im Falle der §§ 344 und 345 die Androhung der unmittelbaren Begehung einer solchen Handlung verstanden, durch welche Leben, Gesundheit oder Vermögen des Bedrohten, seiner Angehörigen oder eines Anwesenden einer schweren Gefahr ausgesetzt wird.

§ 348. Die Strafe des Raubes ist Zuchthaus von fünf bis zu zehn Jahren, im Falle des § 346 aber Zuchthaus bis zu fünf Jahren.

§ 349. Mit Zuchthaus von zehn bis zu fünfzehn Jahren wird der Raub bestraft:

1. wenn der Täter wegen Raubes oder Erpressung bereits bestraft worden ist und seit Verbüßung der letzten diesfälligen Strafe zehn Jahre noch nicht verflossen sind;

2. wenn bei dem Raube der Versuch eines vorsätzlichen Totschlags oder eine schwere Körperverletzung verübt wurde.

Wurde aber auch ein vorsätzlicher Totschlag begangen, so ist die Strafe lebenslängliches Zuchthaus.

§ 350. Wer, um sich oder einem Dritten rechtswidrig einen Vermögensvorteil zu verschaffen, einen anderen durch Gewalt oder durch Drohungen zu einer Handlung, Duldung oder Unterlassung zwingt, begeht — insoweit die Handlung nicht schwerer zu bestrafen ist — das Vergehen der Erpressung und wird mit Gefängnis bis zu drei Jahren bestraft.

§ 351. Wer, um sich oder einem Dritten einen Vermögensvorteil zu verschaffen, einen anderen mit der Veröffentlichung verleumderischer oder beleidigender Behauptungen in einem Druckwerke bedroht, begeht das Verbrechen der Erpressung und wird nach § 350 bestraft.

§ 352. Der Versuch des Vergehens der Erpressung ist strafbar.

§ 353. Die Erpressung ist ein Verbrechen, und wird mit Zuchthaus bis zu fünf Jahren bestraft:

1. wenn der Erpresser mit Mord, schwerer Körperverletzung, Brandstiftung oder einer anderen schweren Vermögensschädigung droht;

2. wenn die Handlung unter Vorspiegelung einer amtlichen Eigenschaft oder einer behördlichen Verfügung begangen wird.

§ 354. Wegen des Verbrechens des Raubes und der Erpressung, dann wegen des Vergehens der Erpressung nach § 351 ist neben der Freiheitsstrafe noch Amtsverlust und zeitweilige Entziehung der politischen Rechte zu verhängen.

XXVIII. Abschnitt.

Unterschlagung, Verletzung der behördlichen Sperre und Untreue.

§ 355. Eine Unterschlagung begeht, wer eine in seinem Besitze oder seinem Gewahrsam befindliche fremde bewegliche Sache widerrechtlich sich aneignet oder verpfändet.

Die Aneignung ist vollbracht, wenn der Besitzer oder Inhaber die Sache veräußert, verbraucht, sie dem zur Rückforderung Berechtigten ableugnet oder über dieselbe auf welche Art immer wie über sein Eigentum verfügt.

§ 356. Die Unterschlagung ist ein Vergehen, wenn der Wert des unterschlagenen Vermögensstückes hundert Gulden nicht übersteigt; im anderen Falle ist sie ein Verbrechen.

§ 357. Die Unterschlagung ist ferner ein Verbrechen im Falle des § 338, jedoch mit der daselbst festgestellten Beschränkung.

§ 358. Das Vergehen der Unterschlagung wird mit Gefängnis bis zu einem Jahre, das Verbrechen der Unterschlagung mit Kerker bis zu fünf Jahren bestraft.

Neben der Freiheitsstrafe ist stets auf Amtsverlust und auf zeitweilige Entziehung der politischen Rechte zu erkennen.

Die Bestimmungen der §§ 342 und 343 kommen auch bei der Unterschlagung zur Anwendung.

§ 359. Wenn der Eigentümer einer von dem Gerichte oder von einer anderen Behörde mit Sperre belegten Sache an der bei ihm belassenen oder ihm anvertrauten Sache eine der im § 355 bezeichneten Handlungen begeht, so wird die Handlung als Unterschlagung betrachtet und nach den Unterscheidungen des § 358 mit Gefängnis bis zu einem Jahre, beziehungsweise mit Kerker bis zu fünf Jahren bestraft.

Neben der Freiheitsstrafe ist auch auf Amtsverlust zu erkennen.

§ 360. Wer bei einer engen Sperre das durch ein gerichtliches oder ein anderes behördliches Organ angelegte Siegel unbefugt entfernt, erbricht oder verletzt oder den Ort oder den Behälter, welche zur Verwahrung der in Sperre genommenen Sachen dient, unbefugt eröffnet, wird, insoferne nicht der Fall des § 359 vorliegt, wegen Verletzung der Sperre mit Gefängnis bis zu sechs Monaten und an Geld bis zu fünfhundert Gulden bestraft.

§ 361. Wer mit der Verwaltung, Kuratel oder Aufsicht über fremdes Vermögen betraut ist und in dieser Eigenschaft demjenigen, dessen Interessen zu fördern seine Pflicht ist, mit Wissen und Willen einen Vermögensnachteil zufügt, begeht das Vergehen der Untreue und wird mit Gefängnis bis zu drei Jahren bestraft.

Die Strafverfolgung tritt nur auf Antrag der verletzten Partei ein.

§ 362. Wird jedoch das Vergehen der Untreue durch Vormünder, Kuratoren, Sequester, Masse- oder Stiftungskuratoren, Testamentsvollstrecker, durch die Mitglieder der Direktion oder des Aufsichtsrates einer Aktiengesellschaft oder einer Genossenschaft oder überhaupt durch Personen, welche behördlich mit der Verwaltung fremden Vermögens betraut oder dazu ermächtigt sind, im Bereiche ihres Berufes oder ihrer Betrauung begangen, so tritt die Strafverfolgung von Amts wegen ein.

§ 363. Die Untreue ist ein Verbrechen und wird mit Kerker bis zu fünf Jahren bestraft, wenn der Täter dieselbe zu dem Zwecke begeht, um sich oder einem Dritten dadurch rechtswidrig einen Vermögensvorteil zu verschaffen.

§ 364. Wegen Untreue ist neben der Freiheitsstrafe auch auf Amtsverlust zu erkennen.

XXIX. Abschnitt.

Widerrechtliche Aneignung.

§ 365. Wer eine fremde Sache findet und dieselbe binnen acht Tagen der Behörde oder demjenigen, der sie verloren hat, nicht übergibt, begeht das Vergehen der widerrechtlichen Aneignung einer gefundenen Sache und wird mit Gefängnis bis zu drei Monaten und an Geld bis zu fünfhundert Gulden bestraft.

§ 366. Wer einen alten Schatz entdeckt und es unterläßt, hiervon binnen acht Tagen der Behörde Anzeige zu erstatten, begeht das Vergehen der widerrechtlichen Aneignung eines entdeckten Schatzes und wird an Geld bis zu tausend Gulden bestraft.

Falls die Nachsuchung vorher bei der Behörde angemeldet wurde, greift eine Bestrafung nur dann Platz, wenn die gefundenen Gegenstände nicht binnen dreißig Tagen angezeigt werden.

Der entdeckte Schatz ist in diesen Fällen einzuziehen.

§ 367. Wer eine einem anderen gehörige, durch Zufall oder Irrtum in seinen Gewahrsam gelangte bewegliche Sache sich rechtswidrig aneignet, begeht ein Vergehen und wird mit Gefängnis bis zu sechs Monaten bestraft.

§ 368. Wer seine eigene bewegliche Sache oder mit Zustimmung, oder zu Gunsten des Eigentümers eine fremde bewegliche Sache dem Nutznießer, Pfandbesitzer oder demjenigen, welchem an der Sache ein Gebrauchs- oder Zurückbehaltungsrecht zusteht, rechtswidrig wegnimmt, begeht ein Vergehen und wird mit Gefängnis bis zu sechs Monaten und an Geld bis zu tausend Gulden bestraft.

§ 369. Hat derjenige, welcher eine rechtswidrige Aneignung begeht, dadurch seinen Ehegatten, einen Verwandten auf- und absteigender Linie, seine Geschwister, einen mit ihm in gemeinschaftlichem Haushalte lebenden Verwandten, seinen Vormund, Kurator oder Erzieher geschädigt, so tritt die Strafverfolgung nur auf Antrag des Verletzten ein.

XXX. Abschnitt.

Hehlerei und Begünstigung.

§ 370. Wer Sachen, von denen er weiß, daß sie durch das Verbrechen des Diebstahls, der Unterschlagung, des Raubes oder der Erpressung in die Hand ihres Inhabers gelangt sind, um eines Vermögensvorteils willen erwirbt, verbirgt oder bei ihrer Veräußerung mitwirkt, begeht das Verbrechen der Hehlerei und wird mit Kerker bis zu fünf Jahren bestraft.

Ist aber die Sache durch das Vergehen des Diebstahls, der Erpressung, Unterschlagung oder der widerrechtlichen Aneignung in die Hand ihres Besitzers oder Inhabers gelangt, so ist die Hehlerei ein Vergehen und wird mit Gefängnis bis zu zwei Jahren bestraft.

§ 371. Die Hehlerei ist ein Verbrechen, wenn sie von einer Person begangen wird, welche wegen Raubes, Erpressung, Diebstahls, Unterschlagung oder Hehlerei bereits zweimal bestraft worden ist. Diese Bestimmung ist jedoch nicht anwendbar, wenn seit Verbüßung der letzten Strafe bereits zehn Jahre verflossen sind.

§ 372. Bedroht das Gesetz den Täter eines Verbrechens mit einer schwereren Strafe als Zuchthaus in der Dauer von zehn Jahren, und war dem Hehler bei Begehung der Hehlerei jener Umstand bekannt, welcher die bezeichnete schwerere Strafe nach sich zieht, oder betreibt der Hehler die Hehlerei gewerbsmäßig, so wird er mit Zuchthaus bis zu fünf Jahren bestraft.

§ 373. Wegen Hehlerei ist neben der Freiheitsstrafe auf Amtsverlust und zeitweilige Entziehung der politischen Rechte zu erkennen.

§ 374. Wer dem Täter oder Teilnehmer eines Verbrechens oder Vergehens behilflich ist, der behördlichen Verfolgung zu entgehen, den Erfolg des Strafverfahrens zu vereiteln oder straflos zu bleiben, macht sich, wenn er nicht schon vor Verübung des Verbrechens oder Vergehens mit jenem hierüber eine Verabredung getroffen hat, der Begünstigung schuldig und wird mit Gefängnis bis zu einem Jahre bestraft.

§ 375. Wegen Begünstigung wird mit der im vorigen Paragraphen bestimmten Strafe bestraft, wer ohne sich vor Begehung des Verbrechens oder Vergehens mit dem Täter oder Teilnehmer darüber verabredet zu haben, an der Sicherung der aus dem Verbrechen oder dem Vergehen stammenden Vorteile mitwirkt.

§ 376. Wer die Begünstigung begeht, um sich oder einem Dritten einen Vermögensvorteil zu verschaffen, wird mit Gefängnis bis zu zwei Jahren bestraft.

§ 377. Wegen Begünstigung ist neben der Hauptstrafe Amtsverlust zu verhängen, wenn wegen des vom Begünstigten begangenen Verbrechens oder Vergehens auf Amtsverlust zu erkennen ist.

§ 378. Die Bestimmungen der §§ 374 und 375 sind nicht anwendbar, wenn eine daselbst bezeichnete Handlung zu Gunsten eines Angehörigen (§ 78) des Begünstigers begangen wird.

XXXI. Abschnitt.

Betrug.

§ 379.*) *An seine Stelle ist laut Art. XV des Gesetz-Artikels XXXVI vom Jahre 1908 dessen § 50 getreten:*

> *§ 50. Wer in der Absicht, sich oder einem anderen einen unrechtmäfsigen Vermögensvorteil zu verschaffen, jemanden mit Arglist täuscht oder in Täuschung erhält und hierdurch ihm oder einem anderen einen Vermögensschaden zufügt, begeht einen Betrug.*
>
> *Der Versuch des Vergehens des Betruges ist strafbar.*

§ 380. Der Betrug ist ein Vergehen, wenn der zugefügte Schaden fünfzig Gulden nicht übersteigt; im andern Falle ist der Betrug ein Verbrechen.

§ 381. Ohne Rücksicht auf die Höhe des zugefügten Schadens ist der Betrug ein Verbrechen:

1. wenn der Betrüger zum Zwecke der Begehung der Handlung eine amtliche Eigenschaft oder eine behördliche Betrauung vorgespiegelt hat;
2. wenn der Betrug durch öffentliche Beamte, Advokaten, Bevollmächtigte, Geschäftsführer oder Privatbeamte im Bereiche ihres Amtes oder ihrer Betrauung begangen wird;
3. wenn der Betrüger schon zweimal wegen Betruges bestraft

---

*) § 379 lautete: Wer in der Absicht, sich oder einem Dritten einen widerrechtlichen Vermögensvorteil zu verschaffen, einen andern durch listige Vorspiegelungen in Irrtum führt oder in Irrtum hält und diesem dadurch an seinem Vermögen Schaden zufügt, begeht einen Betrug.

worden ist, und seit Verbüßung der letzten Strafe bis zum neuen Betruge noch nicht zehn Jahre verflossen sind.

§ 382. Ohne Rücksicht auf die Höhe des zugefügten Schadens ist der Betrug ein Verbrechen, wenn jemand einen solchen durch Vernichtung oder Zerstörung eines ihm selbst gehörigen, versicherten Vermögensstückes begeht.

§ 383. Das Vergehen des Betruges wird mit Gefängnis bis zu einem Jahre und an Geld bis zu fünfhundert Gulden, das Verbrechen des Betruges mit Kerker bis zu fünf Jahren und an Geld bis zu zweitausend Gulden bestraft.

Übersteigt jedoch der Wert des zugefügten Schadens zweitausend Gulden, so wird der Betrug mit Zuchthaus bis zu fünf Jahren bestraft. Die gleiche Strafe tritt auch im Falle des § 381 Z. 3 und des § 382 ein.

§ 384. Wenn jemand, obgleich ohne betrügerische Absicht, einen andern durch listige Vorspiegelungen in Irrtum führt oder in Irrtum hält, um diesen zur Gewährung oder Verlängerung eines Kredits zu bestimmen, so wird die Handlung als Betrug betrachtet und mit Gefängnis bis zu einem Jahre bestraft.

§ 385. Wer in der Absicht, sich oder einem Dritten einen Gewinn zu verschaffen, die Unerfahrenheit, den Leichtsinn oder die Bedrängnis eines Minderjährigen oder unter Kuratel Stehenden dazu mißbraucht, um diesen zur Unterfertigung einer Urkunde zu bewegen, durch welche derselbe zu seinem empfindlichen Nachteile vermögensrechtliche Verpflichtungen übernimmt, über ein Recht verfügt oder einen andern von einer vermögensrechtlichen Verbindlichkeit ganz oder teilweise befreit — begeht einen Betrug und wird nach dem in diesem Abschnitt festgestellten Unterscheidung bestraft.

§ 386. Wer in der Absicht, seine Gläubiger zu benachteiligen vor einer ihm drohenden behördlichen Zwangsvollstreckung zu seinem Vermögen gehörige Wertgegenstände verbirgt, verheimlicht, veräußert, zerstört, Schulden oder Rechtsgeschäfte erdichtet, wird mit Rücksicht auf die Höhe des zugefügten Schadens nach § 383 bestraft.

§ 387. Ein zahlungsunfähiger Schuldner, welcher in der Absicht, seine Gläubiger zu benachteiligen, eine im § 414 bezeichnete Handlung verübt, wird — wenn die Eröffnung des Konkurses nur deshalb unterbleibt, weil nur ein einziger Gläubiger vorhanden ist, oder weil das Vermögen nicht hinreicht, um die Kosten des Konkurses zu decken — mit Rücksicht auf die Höhe des zugefügten Schadens nach § 383 bestraft.

§ 388. Mit der Strafe des Betruges ist auch Amtsverlust und Entziehung der politischen Rechte zu verbinden.

§ 389. Wird ein Betrug gegen die im § 342 bezeichneten Personen begangen, so tritt die Strafverfolgung nur auf Antrag des Verletzten ein.

§ 390*) *ist durch Art. XV des Gesetz-Artikels XXXVI vom Jahre 1908 aufser Kraft gesetzt.*

XXV. Gesetz-Artikel vom Jahre 1883, über den Wucher und die schädlichen Kreditgeschäfte (S. 205).

§ 1. Derjenige, welcher die Notlage, den Leichtsinn oder die Unerfahrenheit eines anderen ausbeutend, unter Bedingungen Kredit oder einen Zahlungsaufschub gewährt, welcher vermöge der übermäfsigen, ihm oder einem Dritten zugewendeten Vermögensvorteile den materiellen Ruin des Schuldners oder des Bürgen herbeizuführen oder zu fördern geeignet ist, oder der so beträchtlich ist, dafs mit Rücksicht auf die obwaltenden Umstände ein auffallendes Mifsverhältnis zwischen Leistung und Gegenleistung vorliegt: macht sich des Vergehens des Wuchers schuldig und wird mit Gefängnis von einem Monate bis zu sechs Monaten und mit einer Geldstrafe von hundert Gulden bis zweitausend Gulden bestraft.

Aufserdem kann auch auf Amtsverlust und zeitweilige Entziehung der politischen Rechte neben der Hauptstrafe oder selbständig erkannt werden.

§ 2. Derjenige, welcher zur Verschleierung des Wuchers eine vorgängige gerichtliche Entscheidung oder einen vorgängigen gerichtlichen Vergleich erwirkt oder die Vorteile des Wuchers in der Form eines Scheingeschäfts oder eines Wechsels ausbedingt oder sich die Erfüllung der aus dem wucherlichen Geschäft entspringenden Verpflichtung unter Verpfändung der Ehre der Kredit empfangenden Partei, eidlich oder unter ähnlichen Versicherungen versprechen läfst; oder wer sich gewerbsmäfsig mit Wuchergeschäften befafst oder wegen des Vergehens des Wuchers bereits verurteilt war, und seit der Verbüfsung der letzten Strafe zehn Jahre noch nicht abgelaufen sind, wird mit Gefängnis bis zu zwei Jahren und mit einer Geldstrafe bis viertausend Gulden sowie mit Amtsverlust und zeitweiliger Entziehung der politischen Rechte bestraft.

Aufserdem kann der Verurteilte, wenn er ein Inländer und nicht in derjenigen Gemeinde heimatsberechtigt ist, in welcher er das Vergehen des Wuchers begangen hat, aus dieser Gemeinde; wenn er dagegen ein Ausländer ist, aus dem Gebiete des Ungarischen Staates ausgewiesen werden.

§ 3. Die in den vorhergehenden Paragraphen festgesetzte Strafe ist auch auf denjenigen entsprechend anzuwenden, der in Kenntnis des Sachverhalts eine wucherliche Forderung erwirbt und auf einen anderen überträgt, oder deren wucherliche Vorteile selbst geltend macht.

---

*) § 390 lautete: Mit Ausnahme der in den §§ 381 und 382 bezeichneten Fälle tritt die Strafverfolgung wegen Betrugs auf Antrag des Verletzten und im Falle des § 384 auf Antrag des Gläubigers ein.

§ 4. Die Vereinbarung, Annahme oder Geltendmachung von 8 % nicht übersteigenden Zinsen (G.-A. VIII: 1877) des tatsächlich gegebenen Wertes ist nicht strafbar.

§ 5. Dieses Gesetz ist auch auf diejenigen anzuwenden, welche eine vor dem Inkrafttreten des vorliegenden Gesetzes entstandene wucherliche Forderung (§§ 1 und 2) nach dem Inkrafttreten des vorliegenden Gesetzes, in Kenntnis des Tatbestands und über die Grenzen des § 4 hinaus geltend machen; es sei denn, dafs in bezug auf eine solche Forderung schon vor dem Inkrafttreten dieses Gesetzes eine rechtskräftige gerichtliche Entscheidung oder ein gerichtlicher Vergleich vorliegt.

§ 6. Falls ein Pfandgeschäfts-Inhaber höhere als die im § 11 des G.-A. XIV: 1881 festgestellten Gebühren sich zusichern läfst, fordert oder einhebt, und zwar unter Umständen, durch welche diese Handlung zu einem Wuchervergehen qualifiziert wird, so hat das im § 7 bezeichnete Gericht gegen denselben aufser der in dem vorliegenden Gesetze bestimmten Strafe auch die im zweiten Absatze des § 23 des G.-A. XIV: 1881 festgestellten Nebenstrafe in Anwendung zu bringen.

XXXII. Abschnitt.

Urkundenfälschung.

§ 391. Wer eine falsche öffentliche Urkunde verfertigt oder eine echte öffentliche Urkunde durch Veränderung ihres Inhalts verfälscht, begeht, wenn hieraus für einen andern eine Rechtsverletzung erwächst oder erwachsen kann, gleichviel, ob die Urkunde eine in- oder ausländische ist, das Verbrechen der Fälschung einer öffentlichen Urkunde und wird mit Kerker bis zu fünf Jahren bestraft.

§ 392. Wer eine im vorigen Paragraphen bezeichnete Handlung in der Absicht begeht, um sich oder einem Dritten einen rechtswidrigen Vermögensvorteil zu verschaffen oder einen andern an seinem Vermögen zu schädigen, wird mit Zuchthaus bis zu fünf Jahren bestraft.

§ 393. Öffentliche Beamte und Wechselnotare, welche in ihrem amtlichen Wirkungskreise falsche öffentliche Urkunden ausstellen oder echte öffentliche Urkunden verfälschen, werden, wenn hieraus für einen anderen eine Rechtsverletzung erwächst oder erwachsen kann, mit Zuchthaus von fünf bis zu zehn Jahren bestraft.

§ 394. Wegen Fälschung öffentlicher Urkunden werden nach § 393 öffentliche Beamte und Wechselnotare bestraft, wenn sie in Protokolle oder andere amtliche Bücher, welche sie kraft ihrer amtlichen Eigenschaft führen, oder in die von ihnen in amtlicher Eigenschaft aufgenommenen Urkunden einen wesentlichen Umstand falsch eintragen, oder wenn sie in beglaubigter Form falsche Auszüge ausfertigen oder in einem amtlichen Protokoll oder in einem anderen amtlichen Buch eine wesentliche Eintragung verfälschen.

§ 395. Wegen Fälschung öffentlicher Urkunden werden mit Kerker bis zu drei Jahren bestraft: öffentliche Beamte, welche von einer Urkunde falsche Abschriften in beglaubigter Form ausfertigen oder eine Ausfertigung als Abschrift einer nicht existierenden Originalurkunde in beglaubigtèr Form beurkunden.

§ 396. Die Bestimmungen des § 395 erstrecken sich auch auf falsche Übersetzungen, welche in beglaubigter Form ausgefertigt werden.

§ 397. Die Standesmatriken und die aus denselben in beglaubigter Form ausgefertigten Auszüge und Zeugnisse sind öffentliche Urkunden. Jene Personen, die mit der Führung der Matriken betraut und zur Ausfertigung von beglaubigten Auszügen, Zeugnissen und Urkunden aus denselben berechtigt sind, werden hinsichtlich dieser ihrer Handlungen als öffentliche Beamte betrachtet.

Diese Anordnung gilt auch für die Mitglieder, Protokollführer und das Archivs-Personal der für Eheprozesse bestehenden geistlichen Gerichte; desgleichen für jene Personen, welche mit der Verwaltung und Beaufsichtigung der als öffentlich beglaubigte Orte geltenden Kapitels- und Konventsarchive, sowie mit der Ausfertigung von beglaubigten Urkunden aus diesen Archiven betraut sind.

§ 398. Der Fälschung öffentlicher Urkunden wird gleichgeachtet und mit Zuchthaus von fünf bis zu zehn Jahren bestraft: wenn öffentliche Beamte, Wechselnotare oder beglaubigte Übersetzer öffentliche Bücher, Protokolle oder Originalurkunden, welche ihnen kraft ihres Amtes zur Führung oder Verwahrung anvertraut sind, in der Absicht, einem anderen einen wesentlichen Beweis eines Rechts zu vereiteln oder zu erschweren, vernichten, ganz oder teilweise unbrauchbar machen, unterdrücken, oder dem Gegner ausliefern.

Werden die hier bezeichneten Handlungen von öffentlichen Beamten, Wechselnotaren oder beglaubigten Übersetzern hinsichtlich einer ihnen zur Verwahrung anvertrauten beglaubigten Abschrift begangen, so tritt Kerker bis zu drei Jahren ein.

§ 399. Wegen Fälschung öffentlicher Urkunden ist neben den in den obigen Paragraphen bestimmten Strafen auf Amtsverlust und auf zeitweilige Entziehung der politischen Rechte zu erkennen.

Hinsichtlich der im § 397 bezeichneten Personen ist statt Amtsverlustes im Urteile auszusprechen, daß dieselben die Fähigkeit zur Rechtssprechung und Protokollführung in Ehesachen, ferner zur Ausstellung, Führung oder Verwahrung öffentlicher Urkunden nicht besitzen.

§ 400. Wer vorsätzlich daran mitwirkt, daß unwahre Tatsachen, Umstände oder Erklärungen, welche für die Rechte oder Rechtsverhältnisse eines anderen von Erheblichkeit sind, in ein öffentliches Buch oder in eine andere öffentliche Urkunde eingetragen werden, wird mit Gefängnis bis zu einem Jahre bestraft.

Wer jedoch die vorbezeichnete Handlung in der Absicht begeht, sich oder einem Dritten einen widerrechtlichen Vorteil zu verschaffen, wird mit Zuchthaus bis zu fünf Jahren bestraft.

§ 401. Wer eine falsche Privaturkunde anfertigt oder anfertigen läßt, eine Privaturkunde ganz oder teilweise verfälscht oder verfälschen läßt und eine solche Urkunde dazu benützt, um den Bestand, das Erlöschen oder die Veränderung einer Forderung oder eines Rechts zu beweisen, macht sich der Fälschung einer Privaturkunde schuldig.

§ 402. Die Fälschung von Privaturkunden ist ein Vergehen und wird mit Gefängnis bis zu einem Jahre und an Geld bis zu fünfhundert Gulden bestraft, wenn sich die Urkunde auf den Beweis des Bestandes, des Erlöschens oder der Veränderung von Verbindlichkeiten und Rechten bezieht, deren Wert fünfzig Gulden nicht übersteigt.

Übersteigt jedoch der Wert der Verbindlichkeit, auf welche sich die falsche oder gefälschte Urkunde bezieht, fünfzig Gulden, so ist die Fälschung ein Verbrechen und wird mit Kerker bis zu drei Jahren und an Geld bis zu zweitausend Gulden bestraft.

§ 403. Mit Zuchthaus bis zu fünf Jahren wird die Fälschung von Privaturkunden bestraft:

1. wenn dieselbe durch Anfertigung eines falschen Wechsels oder durch Fälschung eines echten Wechsels begangen wird;

2. wenn kaufmännische oder Handelsbücher gefälscht werden, denen das Gesetz unbedingte oder bedingte Beweiskraft verleiht;

3. wenn kaufmännische Anweisungen, Sparkassabücher, Lagerscheine, Frachtrecepisse, Ladescheine oder andere im öffentlichen Verkehre befindlichen Wertpapiere — sofern diese nicht dem Papiergelde gleichgehalten sind (§§ 210 und 211) — gefälscht werden;

4. wenn der Wert des Rechtes oder der Verbindlichkeit, auf welche sich die Fälschung bezieht, zweitausend Gulden übersteigt.

§ 404. Wegen Urkundenfälschung wird nach den in diesem Abschnitte gemachten Unterscheidungen bestraft, wer ein mit der Namensunterschrift eines anderen versehenes unausgefülltes Papier ohne Einwilligung des Unterfertigers oder wissentlich den getroffenen Verabredungen zuwider ausfüllt und dazu benützt, um gegen den Unterfertiger den Bestand, das Erlöschen oder die Veränderung einer Verbindlichkeit oder eines Rechtes zu beweisen.

§ 405. Unter die Bestimmungen des vorigen Paragraphen fällt auch, wer eine von anderen angefertigte falsche oder gefälschte öffentliche oder Privaturkunde mit Kenntnis dieses Umstandes benützt.

§ 406. Wegen des Vergehens der Urkundenfälschung wird mit Gefängnis bis zu zwei Jahren und an Geld bis zu fünfhundert Gulden bestraft, wer eine Urkunde, welche ihm überhaupt nicht oder nicht ausschließlich gehört, in der Absicht, einem anderen einen Schaden zuzufügen, widerrechtlich vernichtet, beschädigt oder unterdrückt.

§ 407. Wegen des Vergehens der Grenzverrückung wird mit Gefängnis bis zu drei Jahren bestraft, wer einen Grenzstein oder ein anderes zur Bezeichnung einer Grenze dienendes Merkmal oder Gegenstände in der Absicht, einem anderen Schaden zuzufügen, vernichtet, wegnimmt oder verrückt.

Gesetz-Artikel XLI. vom Jahre 1891, über den strafrechtlichen Schutz der Grenz- und Feldmessungszeichen. (*S. 332.*)

§ 1. Wer einen zur Bezeichnung der Landesgrenze dienenden Obelisken, eine Stein- oder Holzsäule, einen Graben, Stein- oder Erdhügel oder sonstige Zeichen vorsätzlich und widerrechtlich beschädigt oder die aufschriftliche und sonstige Bezeichnung des Grenzobelisken oder der Grenzsäule teilweise oder ganz unleserlich oder unkenntlich macht, begeht ein Vergehen und wird mit Gefängnis bis zu sechs Monaten bestraft.

§ 2. Mit Gefängnis bis zu drei Jahren und mit Amtsverlust wird derjenige bestraft, welcher die im vorhergehenden Paragraphen aufgezählten Grenzzeichen vorsätzlich und widerrechtlich, wenn auch nicht zum Zwecke der Störung der Besitsverhältnisse, vernichtet, aushebt, zerstört, unkenntlich macht oder an einen anderen Ort versetzt.

Der Versuch ist strafbar.

§ 3. Die Strafe der im § 1 des gegenwärtigen Gesetzes bezeichneten Handlungen ist, wenn dieselben in Bezug auf Munizipal- oder Gemeinde-Grenzzeichen verübt werden, Gefängnis bis zu drei Monaten, der im § 2 bezeichneten Handlungen Gefängnis bis zu einem Jahre.

§ 4. Wer die zum Zwecke der seitens der politischen oder Militärbehörde angeordneten Feldmessung (Triangulierung) errichtete Pyramide, Säule, Pflöcke, oder die zu diesem Zwecke angeordneten sonstigen Zeichen vorsätzlich und widerrechtlich beschädigt, vernichtet, entfernt oder an einen anderen Ort versetzt, begeht ein Vergehen und wird mit Gefängnis bis zu drei Monaten bestraft.

XXXIII. Abschnitt.

Ausstellung und Benützung falscher ärztlicher und Gemeindezeugnisse.

§ 408. Ein Arzt, welcher über den Gesundheitszustand eines Menschen ein falsches Zeugnis zum Gebrauche bei einer Behörde oder bei einer Versicherungsanstalt ausstellt, begeht ein Vergehen und wird mit Gefängnis bis einem Jahre bestraft.

§ 409. Wegen des Vergehens der Ausstellung eines falchen Zeugnisses wird mit der im vorigen Paragraphen bestimmten Strafe bestraft: wer ohne Arzt zu sein, unter Vorspiegelung dieser Eigenschaft oder unter dem Namen eines anderen Arztes oder unter erdichteten Namen über den Gesundheitszustand eines Menschen zum Gebrauche bei einer Behörde oder bei einer Versicherungsgesellschaft ein Zeugnis ausstellt, oder wer zu diesem Zwecke ein echtes Zeugnis verfälscht.

§ 410. Wer wissentlich von einem falschen ärztlichen Zeugnisse Gebrauch macht, um dadurch eine Behörde oder im Falle einer Versicherung eine Versicherungsgesellschaft über seinen Gesundheitszustand zu täuschen, wird mit Gefängnis bis zu einem Jahre und mit Amtsverlust bestraft.

§ 411. Ein Gemeindevorsteher, welcher über das sittliche Betragen oder die Vermögensverhältnisse einer Person wissentlich ein falsches Zeugnis ausstellt, begeht ein Vergehen und wird mit Gefängnis bis zu sechs Monaten, an Geld bis zu zweihundert Gulden und mit Amtsverlust bestraft.

XXXIV. Abschnitt.

Stempelverfälschung.

§ 412*) *ist durch Gesetz-Artikel XXXVII vom Jahre 1907 abgeändert worden.*

XXXVII. Gesetz-Artikel vom Jahre 1897, über die Modifikation des § 412 des Strafgesetzbuches (Ges.-Art. V. vom Jahre 1878) und des § 59 des Strafgesetzes über Übertretungen (Ges.-Art. XL. vom Jahre 1879). (S. 370.)

§ 1. Wer vom Staate ausgegebene und im Verkehr befindliche Stempel, Postwertzeichen oder zur Erhebung der Steuer dienende andere Zeichen, Siegel oder zum Nachweise des Raumgehaltes von Gefäfsen oder der Eigenschaft oder des Feingehaltes von Metallen dienende staatliche oder behördliche Zeichen zum Zwecke der Benutzung oder in Verkehrbringung nachahmt oder verfälscht, oder wer solche Stempel, Marken oder Siegel wissentlich benutzt oder in Verkehr bringt, wird wegen Vergehens der Stempelfälschung mit Gefängnis bis zu

---

*) § 412 lautete: Wer vom Staate ausgegebene Stempel, Post- oder andere zur Einhebung der Steuern bestimmte Marken, Siegel- und Stempelabdrücke; ferner, wer staatliche oder behördliche Zeichen, welche zum Nachweise des Gehaltes von Hohlgefäßen oder der Eigenschaft oder des Feingehaltes von Edelmetallen dienen, nachahmt oder verfälscht; desgleichen, wer solche Stempelmarken, Marken, Siegel- oder Stempelabdrücke wissentlich in Verkehr bringt oder dieselben nach Entfernung der ihre Wertlosigkeit ersichtlich machenden Zeichen nochmals benützt: begeht — insofern wegen des zugefügten oder versuchten Schadens (§ 380) nicht eine schwerer zu bestrafende Handlung vorliegt — das Vergehen der Stempelverfälschung und wird mit Gefängnis bis zu einem Jahr, an Geld bis zu tausend Gulden und mit dem Verluste des von ihm bekleideten Amtes oder der von ihm innegehabten amtlichen Stellung bestraft.

zwei Jahren und mit Geldstrafe bis zu zweitausend Kronen, wie auch mit Amtsverlust bestraft.

Wegen Vergehens der Stempelfälschung wird mit Gefängnis bis zu einem Jahre und mit Geldstrafe bis zu eintausend Kronen, wie auch mit Amtsverlust, ferner derjenige bestraft, der die oben bezeichneten echten Stempelmarken, Zeichen oder Siegel nach Entfernung des Entwertungszeichens nochmals wissentlich benutzt oder in Verkehr bringt.

Die Bestimmungen dieses Paragraphen sind auch hinsichtlich ausländischer Stempelmarken oder Postwertzeichen, Zeichen und Siegel anzuwenden, sofern die durch den Ungarischen Staat ausgegebeuen Stempelmarken, Postwertzeichen, Zeichen und Siegel durch ein Gesetz des betreffenden Staates oder laut eines Gesetzeskraft besitzenden Vertrages im entsprechenden Falle strafrechtlichen Schutz geniefsen.

Gesetz-Artikel XXXIV. vom Jahre 1891, über die obligatorische Untersuchung der Hand-Schiefsgewehre. (S. 259.)

§ 4. Die Abdrücke der in den Probe-Stationen zu benützenden Stampiglien werden bei den Handels- und Gewerbekammern aufbewahrt, wo dieselben von den Interessenten eingesehen werden können.

Die Nachahmung oder Fälschung der Probestempel wird gemäfs § 412 des Gesets-Artikels V. 1878, in Kroatien-Slavonien gemäfs des dort in Kraft bestehenden Strafgesetzbuches bestraft.

§ 413. Wer auf Waren oder Verpackung die Firma oder Industriemarke eines anderen inländischen Fabrikanten, Industriellen, Produzenten oder Kaufmannes widerrechtlich zu dem Zwecke benützt, um das Publikum über den Ursprung, die Natur und die Eigenschaften der Waren irrezuführen, begeht das Vergehen der Fälschung der Industrieschutzmarke und wird mit Gefängnis bis zu drei Monaten und an Geld bis zu tausend Gulden bestraft.

Die gleiche Strafe trifft auch denjenigen, welcher das hier bezeichnete Vergehen durch widerrechtlichen Gebrauch der Firma oder der Industriemarke eines ausländischen Fabrikanten, Industriellen, Produzenten oder Kaufmannes begeht, wenn die Gegenseitigkeit von Seiten jenes Staates, dessen Angehöriger der Verletzte ist, im Wege eines Staatsvertrages oder einer Konvention gesichert ist.

In beiden Fällen tritt die Verfolgung dieses Vergehens nur auf Antrag des Verletzten ein.

XXXV. Abschnitt.

Betrügerischer und schuldbarer Bankerott.

§ 414. Das Verbrechen des betrügerischen Bankerotts begeht ein in Konkurs geratener Schuldner, der in der Absicht, seine Gläubiger zu schädigen:

1. zu seinem Vermögen gehörige Wertsachen verbirgt, beiseite schafft, unter dem Werte veräußert, verschenkt, eine ihm gegen einen andern zustehende Forderung erläßt oder verheimlicht oder eine erdichtete Forderung erfüllt;

2. Schulden oder Verpflichtungen anerkennt, die ganz oder teilweise erdichtet sind;

3. einen oder mehrere Gläubiger befriedigt oder durch Einräumung von Pfand- oder Zurückbehaltungsrechten oder durch Überlassung eines Teiles seines Vermögens begünstigt;

4. Handelsbücher, zu deren Führung er gesetzlich verpflichtet ist, zu führen unterlassen, vernichtet, verheimlicht, falsch geführt oder derart geändert hat, daß aus denselben sein Aktiv- und Passivstand oder der Gang seines Geschäftsbetriebes nicht ermittelt werden kann.

§ 415. Das Verbrechen des betrügerischen Bankerotts wird mit Zuchthaus bis zu fünf Jahren, und wenn der zugefügte Schaden zweitausend Gulden nicht übersteigt, mit Kerker bis zu drei Jahren bestraft.

Neben der Freiheitsstrafe ist auch auf Amtsverlust und auf zeitweilige Entziehung der politischen Rechte zu erkennen.

§ 416. Wegen des Vergehens des schuldbaren Bankerotts wird mit Gefängnis bis zu zwei Jahren und mit Amtsverlust bestraft: ein in Konkurs geratener Schuldner, der

1. seine Zahlungsunfähigkeit durch Verschwendung, leichtfertige Geschäftsführung, durch Börsenspiel oder durch gewagte Geschäfte, welche seinem regelmäßigen Geschäftsbetriebe fremd sind, herbeigeführt hat;

2. eine im § 414 Z. 4 bezeichnete Handlung, ohne die Absicht, dadurch seine Gläubiger zu schädigen, begeht;

3. wer, insofern er zur Führung von Handlungsbüchern verpflichtet war, es unterlassen hat, über seinen Aktiv- und Passivstand jährlich die ordnungsgemäße Bilanz zu errichten;

4. wer, nachdem er bereits Kenntnis von seiner Zahlungsunfähigkeit hatte oder haben mußte, neue Schulden gemacht oder durch Unterlassung der sofortigen Einreichung des Konkursgesuches Veranlassung gegeben hat, daß einzelne Gläubiger an seinem Vermögen Pfand- oder Zurückbehaltungsrechte erworben haben.

§ 417. Wird über das Vermögen einer Handelsgesellschaft oder eines Vereins der Konkurs eröffnet, so trifft, falls das Verbrechen des § 414 oder das Vergehen des § 416 vorliegt, die strafrechtliche Verantwortlichkeit jene mit der Leitung des Geschäftsbetriebes betrauten Personen, welche die strafbare Handlung begangen haben.

XXXVI. Abschnitt.

Sachbeschädigung.

§ 418. Wer eine fremde bewegliche Sache vorsätzlich und widerrechtlich beschädigt oder zerstört, begeht ein Vergehen und wird mit Gefängnis bis zu drei Jahren und an Geld von fünfzig bis zu tausend Gulden bestraft.

Der Versuch ist strafbar.

Die Verfolgung tritt nur auf Antrag des Verletzten ein.

§ 419. Die Handlung ist ein Verbrechen und wird mit Kerker von einem bis zu drei Jahren und an Geld von zweihundert bis zu zweitausend Gulden bestraft, wenn sie an Vermögensstücken von Zeugen, Sachverständigen oder öffentlichen Beamten aus Rache wegen deren Aussagen, Gutachten oder amtlichen Handlungen begangen wird.

§ 420. Nach Anordnung des § 418 wird auch bestraft: wer zum Gottesdienst dienende Gebäude oder Gegenstände, Gräber oder Grabmäler, öffentliche Denkmäler; in öffentlichen Bibliotheken aufbewahrte Bücher und Handschriften; im Interesse der Wissenschaft, der Kunst oder des Gewerbes in öffentlichen Sammlungen aufbewahrte Gegenstände, endlich in öffentlichen oder amtlichen Archiven aufbewahrte Schriftstücke, Urkunden oder andere Gegenstände widerrechtlich beschädigt, zerstört oder vernichtet.

§ 421. Wer sich widerrechtlich in den Besitz einer einem anderen gehörigen unbeweglichen Sache setzt oder dieselbe vorsätzlich beschädigt oder die von der Erde noch nicht abgesonderten Erzeugnisse derselben verbraucht, begeht — insofern nicht eine schwerer zu bestrafende Handlung vorliegt und der Schaden einen Wert von fünf Gulden übersteigt — ein Vergehen und wird mit Gefängnis bis zu drei Monaten und an Geld bis zu zweihundert Gulden bestraft.

Die Strafverfolgung tritt nur auf Antrag des Beschädigten ein.

XXXVII. Abschnitt.

Brandstiftung.

§ 422. Wegen des Verbrechens der Brandstiftung wird mit Zuchthaus von fünf bis zu zehn Jahren bestraft:

1. wer ein Haus, eine Hütte, eine Mühle, ein Gebäude oder irgend eine Räumlichkeit, welche zur Wohnung von Menschen dient oder bestimmt ist, oder zum Zusammenkunftsorte von mehreren Menschen benutzt wird, vorsätzlich in Brand setzt zu einer Zeit, während welcher sich niemand darin aufhält;

2. wer ein Magazin, ein Wirtschaftsgebäude, beträchtliche freilagernde Waren- oder Produktenvorräte, vom Boden noch nicht getrennte oder in Haufen lagernde Feldfrüchte, einen Wald, beträcht-

liche Vorräte an Bau- und Feuerungsmaterialien, eine Brücke, ein Schiff oder ein Bergwerk vorsätzlich in Brand setzt.

Diese Bestimmungen kommen jedoch nicht zur Anwendung, wenn der in Brand gesetzte Gegenstand Eigentum des Brandstifters und dessen Beschaffenheit und Lage eine derartige ist, daß durch die Brandstiftung ein Dritter weder hinsichtlich seiner Person, noch hinsichtlich seines Vermögens einer Gefahr ausgesetzt war.

§ 423. Mit Zuchthaus von zehn bis zu fünfzehn Jahren wird ein Brandstifter bestraft:

1. welcher einen im § 422 Z. 1 bezeichneten Gegenstand zu einer Zeit vorsätzlich in Brand setzt, während welcher ein oder mehrere Menschen sich darin befinden;

2. welcher eine Kirche, eine öffentliche Bibliothek, ein öffentliches Archiv oder ein Gebäude, in welchem zum öffentlichen Gebrauche dienende wissenschaftliche oder Kunstsammlungen aufbewahrt oder in welchen Schießpulver oder andere Zünd- und explodierende Stoffe erzeugt oder verwahrt werden, in Brand setzt, wenn auch zu einer Zeit, während welcher niemand sich darin aufhält.

§ 424. Mit lebenslänglichem Zuchthaus wird die Brandstiftung bestraft:

1. wenn ein zur Zeit der Brandstiftung in der in Brand gesetzten Räumlichkeit befindlicher Mensch durch den Brand ums Leben kam, insoweit der Brandstifter erkennen konnte, daß jemand in der Räumlichkeit sich befinde, und die Handlung nicht als Mord erscheint;

2. wenn derselbe Täter gleichzeitig oder in kurzen Zwischenräumen mehrere Brandstiftungen, oder wenn er auch nur eine Brandstiftung in Verbindung mit mehreren Personen verübt hat;

3. wenn die Brandstiftung von einer Bande zum Zwecke von Raub und Zerstörung verübt wird.

§ 425. Wer einen in den §§ 422 und 423 bezeichneten Gegenstand aus Fahrlässigkeit in Brand setzt, wird wegen des Vergehens der fahrlässigen Verursachung einer Feuersgefahr mit Gefängnis bis zu einem Jahre und an Geld bis zu tausend Gulden bestraft. Wurde aber durch den aus Fahrlässigkeit entstandenen Brand der Tod eines Menschen verursacht, so tritt Gefängnis bis zu fünf Jahren ein.

§ 426. Wegen des Verbrechens der Brandstiftung ist neben der Freiheitsstrafe auch auf Amtsverlust und auf zeitweilige Entziehung der politischen Rechte zu erkennen.

§ 427. Die Brandstiftung bleibt straflos, wenn der Brand, ehe die Tat entdeckt und größerer Schaden verursacht wurde, durch den Täter selbst oder infolge seiner Vorkehrungen gelöscht und an der Weiterverbreitung gehindert wurde.

§ 428. Eine auf Verübung des Verbrechens der Brandstiftung abzielende Verbindung (§ 132) wird, wenn eine Vorbereitungshandlung hinzutritt, mit Kerker bis zu zwei Jahren bestraft.

XXXVIII. Abschnitt.

Herbeiführung einer Überschwemmung.

§ 429. Das Verbrechen der Herbeiführung einer Überschwemmung begeht, wer Dämme, Wehren oder Schleusen vorsätzlich und widerrechtlich durchsticht, zerstört oder öffnet, und durch die so herbeigeführte Überschwemmung andere an ihrem Vermögen schädigt.

§ 430. Das Verbrechen der vorsätzlichen Herbeiführung einer Überschwemmung wird mit Zuchthaus bis zu fünf Jahren bestraft; übersteigt jedoch der Schade nicht zweihundert Gulden, oder wurde die Überschwemmung vom Täter zur Rettung seines eigenen Vermögens herbeigeführt, so tritt mit Ausnahme der Fälle des folgenden Paragraphen Kerker bis zu drei Jahren ein.

§ 431. Wurde durch das Verbrechen der Herbeiführung einer Überschwemmung das Leben eines oder mehrerer Menschen gefährdet, und konnte diese Gefährdung vorausgesehen werden, so wird der Täter mit Zuchthaus von fünf bis zu zehn Jahren bestraft.

Wenn aber in einem solchen Falle ein oder mehrere Menschen durch die Überschwemmung ums Leben gekommen sind, und dieses Ereignis vom Täter vorhergesehen werden konnte, so wird dieser — falls die Handlung sich nicht als Mord darstellt — mit lebenslänglichem Zuchthaus bestraft.

§ 432. Wer durch Fahrlässigkeit eine Überschwemmung herbeiführt, begeht ein Vergehen und wird, wenn hierdurch das Leben oder Vermögen anderer gefährdet worden ist, mit Gefängnis bis zu einem Jahre und an Geld bis zu tausend Gulden bestraft. Wurde aber dadurch der Tod eines Menschen verursacht, so tritt Gefängnis bis zu fünf Jahren ein.

§ 433. Wegen des Verbrechens der Herbeiführung einer Überschwemmung ist auch auf Amtsverlust zu erkennen.

XXXIX. Abschnitt.

Beschädigung von Eisenbahnen, Schiffen und Telegraphen und andere gemeingefährliche Handlungen.

§ 434. Wer durch vorsätzliche Beschädigung von Eisenbahnen, Dampf- und anderen Schiffen oder von dazu gehörigen Gegenständen die auf einer Eisenbahn oder einem Schiffe befindlichen Personen oder Waren einer Gefahr aussetzt, begeht das Verbrechen der gemeingefährlichen Beschädigung und wird mit Zuchthaus bis zu fünf Jahren bestraft.

§ 435. Wurde durch das im vorigen Paragraphen bezeichnete Verbrechen eine schwere Körperverletzung verursacht, so tritt Zuchthaus von fünf bis zu zehn Jahren ein; ist aber dadurch der Tod eines Menschen herbeigeführt worden, so wird der Täter — insoweit nicht ein Mord vorliegt — mit lebenslänglichem Zuchthaus bestraft.

§ 436. Wer auf einer Eisenbahn oder in deren Nähe befindliche Personen oder Waren vorsätzlich durch Unterlassung der vorschriftsmäßigen Signale oder durch falsche Signale in Gefahr setzt, begeht ein gemeingefährliches Verbrechen und wird mit Rücksicht auf den Erfolg nach den Bestimmungen der §§ 434 und 435 bestraft.

§ 437. Wer eine in den §§ 434 und 436 bezeichnete Handlung oder Unterlassung fahrlässiger Weise verübt, begeht ein Vergehen und wird mit Gefängnis bis zu einem Jahre und an Geld bis zu tausend Gulden bestraft. Wurde aber durch eine solche Handlung oder Unterlassung der Tod eines Menschen verursacht, so tritt Gefängnis bis zu fünf Jahren und Geldstrafe bis zu tausend Gulden ein.

§ 438. Mit Gefängnis von zwei bis zu fünf Jahren werden Eisenbahnbedienstete bestraft, welche durch Verletzung einer ihnen obliegenden Dienstpflicht auf einem Eisenbahnzuge oder in dessen Nähe befindliche Personen oder Waren der Gefahr einer Verletzung oder Beschädigung durch die Eisenbahn aussetzen.

§ 439. Wer vorsätzlich eine Telegraphenanstalt oder deren Zubehörungen beschädigt oder durch eine Handlung oder Unterlassung die Benutzung des Telegraphen stört oder verhindert, begeht ein Vergehen und wird mit Gefängnis bis zu zwei Jahren und an Geld bis zu tausend Gulden bestraft.

§ 440. Wer fahrlässiger Weise eine Handlung oder Unterlassung begeht, durch welche die Benutzung einer Telegraphenanstalt gestört wird, macht sich eines Vergehens schuldig und wird mit Gefängnis bis zu drei Monaten und an Geld bis zu hundert Gulden bestraft.

Gesetz-Artikel XXXI. vom Jahre 1888, über Telegraphen-, Fernsprech- und andere elektrische Einrichtungen. (S. 678.)

§ 12. Diejenigen Strafbestimmungen, welche gegen die Beschädiger von Telegraphenanlagen, vom Gesichtspunkte der öffentlichen Sicherheit, gelten, finden gleichmäßig Anwendung gegenüber den Beschädigern von Fernsprechanlagen und elektrischen Signalen.

Gesetz-Artikel XII. vom Jahre 1888, betreffend die Festsetzung strafgesetzlicher Bestimmungen in bezug auf die Sicherung der Unterseekabel. (S. 220 f.)

§ 5. Wer fahrlässig eine Handlung oder Unterlassung begeht, durch welche die Benutzung eines Unterseekabels gestört wird, macht sich eines Vergehens schuldig und wird mit Gefängnis bis zu drei Monaten und an Geld bis zu hundert Gulden bestraft.

§ 6. Wer vorsätzlich ein Unterseekabel beschädigt oder eine Handlung oder Unterlassung begeht, durch welche die Benutzung eines Unterseekabels unterbrochen oder verhindert werden kann, begeht ein Vergehen und wird mit Gefängnis bis zu zwei Jahren und an Geld bis zu tausend Gulden bestraft.

§ 9. Die zu der im Artikel X des Internationalen Unterseekabel-Vertrages vorgesehenen Amtshandlung berufenen Personen ge-

niefsen während der Ausübung ihrer Amtspflicht denselben strafrechtlichen Schutz, wie die amtlichen Organe unserer inländischen Behörden, und sind in bezug auf die gegenüber den genannten Personen während der Ausübung ihrer Amtspflicht begangenen strafbaren Handlungen diejenigen Bestimmungen der Strafgesetzbücher entsprechend anzuwenden, welche betreffs der Organe unserer inländischen Behörden angewendet werden.

§ 441. Telegraphenbeamte oder im Telegraphendienste verwendete Beamte, ferner die zur Beaufsichtigung und Bedienung der Telegraphenanstalten bestellten Personen, welche durch Verletzung einer ihnen obliegenden Dienstpflicht eine Störung in der Benutzung des Telegraphen herbeiführen, werden mit Gefängnis bis zu sechs Monaten und an Geld bis zu fünfhundert Gulden bestraft.

§ 442. Wird eine der in den §§ 438 und 441 bezeichneten Personen wegen einer in den obigen Paragraphen dieses Abschnittes angeführten strafbaren Handlung verurteilt, so ist zugleich auf ihre Entfernung vom Amte beziehungsweise vom Dienste zu erkennen.

§ 443. Der leitende Beamte einer Eisenbahn- oder Dampfschifffahrts-Unternehmung, welcher einen zur Entfernung vom Amte oder Dienste Verurteilten nicht sofort nach Mitteilung des rechtskräftigen Urteiles entläßt, begeht ein Vergehen und wird an Geld von hundert bis zu tausend Gulden bestraft.

§ 444. Wer durch eine vorsätzliche Handlung oder Unterlassung die Strandung, das Sinken oder die Zertrümmerung eines Schiffes herbeiführt und dadurch das Leben oder Vermögen anderer in Gefahr setzt, begeht ein Verbrechen und wird mit Zuchthaus von fünf bis zu zehn Jahren, und wenn infolge der Handlung oder Unterlassung eine schwere Körperverletzung zugefügt wurde, mit Zuchthaus von zehn bis fünfzehn Jahren bestraft. Ist aber dadurch ein Mensch ums Leben gekommen, so tritt — insofern nicht ein Mord vorliegt — lebenslängliches Zuchthaus ein.

§ 445. Wurde aber die Handlung oder Unterlassung, welche die Strandung, das Sinken oder die Zertrümmerung eines Schiffes herbeiführte, fahrlässigerweise begangen und dadurch das Leben oder Vermögen anderer in Gefahr gebracht, so ist wegen eines Vergehens auf Gefängnis bis zu einem Jahre, und wenn dadurch der Tod eines Menschen verursacht worden ist, auf Gefängnis bis zu fünf Jahren zu erkennen.

§ 446. Wer die Absperrungs- und Aufsichtsmaßregeln, welche von den Behörden zur Verhütung des Verbreitens von Viehseuchen angeordnet werden, verletzt, begeht ein Vergehen und wird mit Gefängnis bis zu drei Monaten bestraft.

Ist infolge einer solchen Verletzung Vieh von der Seuche ergriffen worden, so wird der wissentliche Übertreter der erwähnten Maßnahmen mit Gefängnis bis zu einem Jahre und an Geld bis zu tausend Gulden bestraft.

Der Versuch ist strafbar.

Gesetz-Artikel VII. vom Jahre 1888, über die Regelung des Veterinärwesens. (S. 176.)

§ 146. Wer die Absperrungs- oder Aufsichts-Maßregeln, welche von den Behörden zur Verhütung des Verbreitens von Viehseuchen angeordnet werden, verletzt, ist wegen Vergehens mit Gefängnis bis zu drei Monaten zu bestrafen.

Ist infolge einer solchen Verletzung Vieh von der ansteckenden Seuche ergriffen worden, so wird derjenige, welcher den Maſsregeln wissentlich zuwider handelte, mit Gefängnis bis zu einem Jahre und mit einer Geldstrafe bis zu tausend Gulden bestraft.

Der Versuch ist strafbar (§ 446 des G.-A. V. v. J. 1878).

XL. Abschnitt.

Befreiung von Gefangenen.

§ 447. Wer einem Gefangenen zum Entweichen aus der Haft oder aus der behördlichen Obhut behilflich ist, begeht ein Verbrechen und wird mit Kerker bis zu zwei Jahren bestraft.

Wer aber einem Gefangenen, um sein Entweichen zu bewirken, Waffen, Schlüssel oder andere Werkzeuge verschafft, wird mit Kerker bis zu drei Jahren bestraft.

§ 448. Wachen, Aufseher oder behördliche Organe, welche die ihrer Obhut anvertrauten Gefangenen vorsätzlich entweichen lassen, werden mit Zuchthaus bis zu fünf Jahren bestraft.

Hat aber ihre Fahrlässigkeit das Entweichen eines ihrer Obhut anvertrauten Gefangenen verschuldet, so liegt ein Vergehen vor, welches mit Gefängnis bis zu sechs Monaten bestraft wird.

In beiden Fällen dieses Paragraphen ist neben der Hauptstrafe auf Amtsverlust zu erkennen.

XLI. Abschnitt.

Verbrechen und Vergehen gegen die bewaffnete Macht.

§§ 449—451*) *sind durch § 80 des Gesetzartikels VI vom Jahre 1889 außer Kraft gesetzt.*

---

*) Die §§ 449—451 lauteten:

§ 449. Wer listige Vorspiegelungen anwendet, um sich von der Wehrpflicht zu befreien oder die Befreiung eines andern von dieser Pflicht zu bewirken, wird mit Gefängnis bis zu einem Jahre und an Geld bis zu zweitausend Gulden bestraft.

§ 450. Wer sich der Wehrpflicht dadurch zu entziehen sucht, daß er das Gebiet der Österreichisch-Ungarischen Monarchie verläßt oder sich während der Rekrutierung außerhalb des Gebietes der Monarchie aufhält, wird mit Gefängnis bis einem Jahre und an Geld bis zu tausend Gulden bestraft.

§ 451. Wer sich vorsätzlich selbst verstümmelt oder in einen solchen Zustand versetzt, in welchem er zur Erfüllung der Wehrpflicht untauglich ist; desgleichen wer die Verstümmelung oder die Herbeiführung der Dienstuntaug-

An die Stelle des § 449 sind folgende §§ 47 und 48; an die Stelle des § 450 folgender § 45; an die Stelle des § 451 folgender § 49 des Gesetz-Artikels VI vom Jahre 1889 über die Wehrkraft (S. 45f.) getreten.

§ 47. Wer sich listiger Vorspiegelungen bedient, um sich oder einen anderen der gesetzlichen Wehrpflicht zu entziehen, macht sich eines Vergehens schuldig und wird mit Gefängnis bis zu einem Jahre und an Geld bis zu 2000 Gulden bestraft.

§ 48. Wer sich listiger Vorspiegelungen bedient, um für sich oder für einen anderen eine in den §§ 25 bis einschliefslich 34 dieses Gesetzes bestimmte, ihm nicht zukommende Begünstigung zu erlangen, macht sich eines Vergehens schuldig und wird mit Gefängnis bis zu sechs Monaten und an Geld bis zu 1000 Gulden bestraft.

§ 45. Wer sich der Wehrpflicht dadurch zu entziehen sucht, dafs er das Gebiet der Österreichisch-Ungarischen Monarchie verläfst oder sich während der Rekrutierung aufserhalb der Grenzen der Österreichisch-Ungarischen Monarchie aufhält, macht sich eines Vergehens schuldig und wird mit Gefängnis bis zu einem Jahre und an Geld bis zu 1000 Gulden bestraft.

§ 49. Wer sich vorsätzlich selbst verstümmelt oder in einen solchen Zustand versetzt, in welchem er zur Erfüllung der Wehrpflicht vorübergehend oder dauernd untauglich wird, desgleichen wer die Verstümmelung, oder die Dienstuntauglichkeit eines Wehrpflichtigen bewirkt oder dabei als Teilnehmer mitwirkt, macht sich eines Vergehens schuldig und wird mit Gefängnis bis zu drei Jahren und Geldstrafe bis zu 2000 Gulden bestraft.

4. Absatz: *Die obige Gefängnis- und Geldstrafe trifft auch denjenigen, der die in dem gegenwärtigen Paragraphen bestimmte Handlung an einer im Militärdienste stehenden Person vornimmt oder bei der Handlung als Teilnehmer mitwirkt.*

§ 452*) *ist durch Gesetz-Artikel XXI. vom Jahre 1890 § 7 aufgehoben.*

---

lichkeit eines Wehrpflichtigen bewirkt oder dabei als Teilnehmer mitwirkt, wird mit Gefängnis bis zu drei Jahren und an Geld bis zu zweitausend Gulden bestraft.

Die gleiche Strafe trifft denjenigen, welcher eine in diesem Paragraphen bezeichnete Handlung an einer im Militärdienste stehenden Person vornimmt oder welcher dabei als Teilnehmer mitwirkt.

Die Bestimmung des § 48 G. A. XL. 1868 wird durch diesen Paragraphen nicht berührt.

*) § 452 lautete: Wer einen auf Urlaub befindlichen oder zur Reserve oder zum beurlaubten Stande gehörigen Mann des Heeres, der Kriegsmarine oder der Landwehr, zum Ungehorsam gegen den Einberufungsbefehl verleitet, wird, wenn die Handlung in Friedenszeit begangen wird, mit Gefängnis bis zu 3 Monaten bestraft. Wird aber diese Handlung nach erfolgter Kriegserklärung begangen, so tritt Kerker bis zu fünf Jahren und Geldstrafe bis zu tausend Gulden ein.

Die Verleitung eines der Ersatzreserve angehörigen Mannes zum Ungehorsam gegen den Einberufungsbefehl wird gleichfalls nach den obigen Unterscheidungen bestraft.

Gesetz-Artikel XXI. vom Jahre 1890, über die Bestrafung des Ungehorsams gegen einen Militäreinberufungsbefehl und der Verleitung hierzu. (S. 383.)

§ 6. Wer einen anderen zu einem in den §§ 1—4 dieses Gesetzes) bezeichneten Verbrechen oder Vergehen, wenn auch ohne Erfolg, verleitet, begeht ein Verbrechen oder Vergehen und verfällt derselben Strafe, wie der Täter derjenigen strafbaren Handlung, zu welcher verleitet wurde. Über die strafbaren Handlungen der Verleitung urteilt gemäfs den bestehenden Kompetenzregeln entweder das Militär- oder aber das Zivilstrafgericht.*

§ 7. Wenn über die strafbare Handlung der Verleitung das Zivil-Strafgericht urteilt: verhängt dasselbe statt des Arrestes und des Kerkers unter sechs Monaten eine Gefängnisstrafe, und bildet die Handlung auch im letzteren Falle ein Vergehen.

**) Die §§ 1—5 des Gesetzes lauten:*

§ 1. Eines Militärverbrechens macht sich schuldig, wer durch den Soldaten-(Honvéd-)eid verpflichtet, dem Einberufungsbefehle nicht Folge leistet, wenn das Versäumnis schuldbar ist und über acht Tage dauert, in nachstehenden Fällen:

1. Wenn der Einberufungsbefehl zur Ableistung des Präsenzdienstes (der aktiven Dienstleistung in der Landwehr) vom zuständigen Kommando erlassen worden ist;

2. wenn die Einberufung auf Befehl Seiner Majestät des Königs zur teilweisen oder vollen Ergänzung des Heeres, der Kriegsmarine oder der Landwehr auf den Kriegstand erfolgte;

3. wenn im Mobilisierungsfalle der Einberufungsbefehl an die uneingereihten Rekruten oder die uneingereihten Ersatzreservisten erlassen wurde;

4. wenn der Einberufungsbefehl im Mobilisierungsfalle an zu einer militärischen Dienststellung verpflichtete Offiziere des Ruhestandes oder im Verhältnisse aufser Dienst ergangen ist.

§ 2. Eines Militärsvergehens macht sich schuldig, wer durch den Soldaten-(Honvéd-)eid verpflichtet, dem Einberufungsbefehle nicht Folge leistet, wenn das Versäumnis schuldbar ist, in nachstehenden Fällen:

1. Wenn der Einberufungsbefehl unter den im § 1 angeführten Bedingungen erlassen worden ist und das schuldbare Versäumnis nicht über 8 Tage dauert·

2. wenn der Einberufungsbefehl zum Zwecke der militärischen Ausbildung oder der periodischen Waffen-(Dienst-)übung erlassen wurde;

3. wenn der Einberufungsbefehl behufs ausnahmsweiser aktiver Dienstleistung an die Reserve oder Ersatzreserve in Gemäfsheit des 9. A. XVIII. von 1888 oder des Honvéd-Gesetzes (9. A. V. von 1890) erlassen wurde.

Dieses Vergehen wird mit Gefängnis von einem bis drei Monaten bestraft.

§ 3. Eine durch den Soldateneid nicht verpflichtete Militär-(Landwehr-)Person, welche dem Einberufungsbefehle im Mobilisierungsfalle oder zur Kriegszeit nicht Folge leistet, begeht, sofern das Versäumnis kein unverschuldetes war und über acht Tage dauerte, ein Verbrechen, in anderen Fällen des Versäumnisses ein Vergehen.

Die Strafe des Verbrechens ist Kerker von sechs Monaten bis zu zwei Jahren; das Vergehen wird mit Arrest von einem bis zu drei Monaten bestraft.

§ 4. Wer durch das Landsturmgesetz verpflichtet, nach erlassener Aufbietung der Einberufung nicht Folge leistet, begeht, sofern sein Versäumnis kein unverschuldetes war, ein Vergehen; wenn aber das Versäumnis über acht Tage dauert, stellt die Handlung ein Verbrechen dar.

Die Strafe des Vergehens ist Arrest von einem bis zu drei Monaten, die Strafe des Verbrechens Kerker von sechs Monaten bis zu zwei Jahren.

§ 5. Das Strafverfahren wegen der in den §§ 1, 2, 3 und 4 bezeichneten strafbaren Handlungen steht den Militär-(Honvéd-)Gerichten zu.

§ 8. *Die Strafbestimmungen dieses Gesetzes sind nur dann anzuwenden, wenn der Ungehorsam gegen den Einberufungsbefehl oder die Verleitung hierzu nicht eine schwerer zu bestrafende Handlung bildet.*

§ 453. Wer einen Angehörigen des Heeres, der Kriegsmarine oder der Landwehr in Friedenszeit zur Desertion verleitet, wird mit Gefängnis bis zu zwei Jahren bestraft. Wird jedoch die Handlung nach erfolgter Kriegserklärung begangen, so tritt Kerker bis zu fünf Jahren und Geldstrafe bis zu zweitausend Gulden ein.

§ 454. Nach den Unterscheidungen des vorigen Paragraphen wird auch bestraft, wer einen Angehörigen des Heeres, der Kriegsmarine oder der Landwehr, dessen Desertion ihm bekannt ist, während der Flucht bei sich oder an einem unter seiner Aufsicht stehenden Orte Unterkunft gibt oder demselben auf irgend eine Art zur Bergung oder Rettung behilflich ist.

§ 455. Wer in Friedenszeit Anordnungen und Gegenstände, welche die Kriegsmacht oder die Kriegsverteidigung des Staates betreffen und von denen er weiß oder wissen kann, daß sie geheim zu halten sind, durch Übertretung eines Verbotes, durch Irreführung, Vorspiegelungen oder andere listige Handlungen zu dem Zwecke ausspäht, um darüber einem fremden Staate Mitteilungen zu machen, wird mit Staatsgefängnis bis zu fünf Jahren und an Geld bis zu viertausend Gulden bestraft.

§ 456. Mit Staatsgefängnis bis zu fünf Jahren und an Geld bis zu viertausend Gulden wird bestraft: wer über die Stellung, die Bewegung, die Stärke und die Operationen der bewaffneten Macht der österreichisch-ungarischen Monarchie, über den Zustand von Festungen und Befestigungen, über die Menge der Waffen, des Kriegsmaterials und der Ausrüstungsgegenstände, über die Aufbewahrung, Menge, Beschaffenheit und den Transport von Lebensmitteln im Wege der Presse Mitteilungen macht, wenn ein Verbot solcher Mitteilungen erlassen wurde oder aus der Beschaffenheit der Mitteilung oder aus den Umständen erkennbar war, daß durch solche Mitteilungen das Staatsinteresse verletzt wird. Ausgenommen sind Mitteilungen, welche eine von der Regierung zur Öffentlichkeit gebrachte Nachricht enthalten.

§ 457. Wer zur Kriegszeit oder nachdem die Armee oder ein Teil derselben auf Kriegsfuß gestellt ist, einen mit einer Behörde geschlossenen Lieferungsvertrag, welcher Lieferungen für die bewaffnete Macht betrifft, nicht erfüllt oder nicht den Bestimmungen des Vertrages gemäß erfüllt, wird mit Gefängnis bis zu zwei Jahren und an Geld bis zu zweitausend Gulden bestraft.

Die gleiche Strafe trifft auch die Unterlieferanten, welche die Erfüllung der von einem Lieferanten übernommenen Verbindlichkeit mit Kenntnis des Zwecks vertragsmäßig ganz oder teilweise auf sich genommen haben; desgleichen Bevollmächtigte und Vermittler, insofern sie sich bei Unterlassung oder nicht gehöriger Erfüllung der Lieferung einer Fahrlässigkeit schuldig machen.

Nach den Bestimmungen dieses Paragraphen werden auch bestraft Transportunternehmer und Bedienstete von Transportanstalten, durch deren vorsätzliche oder fahrlässige Handlungen oder Unterlassungen der Transport von Truppen oder Kriegsbedürfnissen nicht oder nicht in gehöriger Weise bewerkstelligt werden kann.

§ 458. Die Bestimmungen dieses Abschnitts kommen nur dann zur Anwendung, wenn das im § 144 bezeichnete Verbrechen nicht vorliegt.

§ 459. Wegen der in diesem Abschnitt angeführten Verbrechen ist auch auf Amtsverlust und auch zeitweilige Entziehung der politischen Rechte zu erkennen.

§ 460. Die Bestimmungen der §§ 46 und 47 G. A. XL. 1868*) über ohne Bewilligung sich Verheiratende und Stellungsflüchtige, beziehungsweise über die Teilnahme an diesen strafbaren Handlungen bleiben unberührt.

XLII. Abschnitt.

Verbrechen und Vergehen im Amte und Mifsbrauch der Advokatenstellung.

§ 461. Als öffentliche Beamte werden alle betrachtet, welche im Verwaltungs- oder Justizdienste des Staates oder im Dienste eines Munizipiums oder einer Gemeinde kraft ihres Amtes oder Dienstes oder durch besondere Betrauung zu amtlichen Verrichtungen verpflichtet sind; ferner die bei durch den Staat, ein Munizipium oder eine Gemeinde unmittelbar verwalteten öffentlichen Stiftungen, Krankenhäusern und Irrenanstalten als Aufseher, Ärzte, Beamte oder Diener verwendeten Personen.

Die königlichen Notare werden gleichfalls als öffentliche Beamte betrachtet.

§ 462. Ein öffentlicher Beamter, welcher Gelder oder Geldeswert besitzende Sachen, die er in amtlicher Eigenschaft empfangen hat oder die seiner Verwaltung oder Obhut anvertraut sind, unterschlägt, begeht das Verbrechen der Amtsunterschlagung und wird mit Kerker von zwei bis zu fünf Jahren bestraft.

Übersteigt der Wert der unterschlagenen Sache tausend Gulden, so tritt Zuchthaus bis zu fünf Jahren ein.

§ 463. Die Amtsunterschlagung wird mit Zuchthaus von fünf bis zu zehn Jahren bestraft, wenn der Täter, um die Entdeckung zu verhindern oder zu erschweren, in die zur Eintragung oder zur

*) An die Stelle der §§ 46 und 47 des Gesetzartikels XL vom Jahre 1868 sind die §§ 35, 44, 50 und 61 des Gesetzartikels VI vom Jahre 1889 getreten, nach welchen die ohne Bewilligung sich Verheiratenden und die Stellungsflüchtigen wegen Übertretung bestraft werden.

Kontrolle der Einnahmen dienenden Bücher, Rechnungen oder Protokolle falsche Eintragungen macht oder Eintragungen fälscht; Bücher, Rechnungen, Protokolle oder andere auf die Unterschlagung bezügliche Urkunden oder Schriftstücke vernichtet oder unbrauchbar macht, überhaupt wenn er im Zusammenhange mit der Unterschlagung noch ein anderes Verbrechen oder Vergehen verübt, insofern dieses nicht unter eine schwerere Zurechnung fällt.

§ 464. Die Amtsunterschlagung ist ein Vergehen und wird mit Gefängnis bis zu einem Jahre bestraft, wenn keiner der im § 463 bezeichneten Fälle vorliegt und der Wert der unterschlagenen Sache aus der Dienstkaution des unterschlagenden Beamten gedeckt werden kann.

§ 465. Ein öffentlicher Beamter, welcher für eine kraft seines Amtes zu leistende Handlung oder für deren Unterlassung ein Geschenk oder eine Belohnung fordert, annimmt oder ein darauf gerichtetes Versprechen nicht zurückweist, wird, wenn mit der Handlung oder Unterlassung keine Verletzung der Amtspflicht verbunden ist, wegen des Vergehens der Bestechung mit Gefängnis bis zu einem Jahre bestraft. Ist aber in der Handlung oder Unterlassung eine Verletzung der Amtspflicht enthalten, so tritt Gefängnis bis zu zwei Jahren ein.

Dieselben Strafen treffen den öffentlichen Beamten, wenn das Geschenk oder die Belohnung mit seiner Zustimmung einer dritten Person übergeben oder versprochen wurde.

§ 466. Unter die Bestimmung des vorigen Paragraphen fallen nicht: die auf einem Gesetze oder einer Vorschrift beruhenden Gebühren und Entlohnungen, die den Notaren — insofern sie nicht als Gerichtskommissare verfahren — freiwillig über den Tarif gezahlten Honorare; ferner die öffentlichen Beamten für außerordentliche im Interesse einer Partei unternommene Bemühungen gewährten und durch die Dienstvorschriften gestatteten Entlohnungen, endlich herkömmliche kleine Geschenke, welche den Dienern gegeben werden — insofern das Geschenk unaufgefordert gegeben wird, und die Annahme nicht durch die Dienstvorschriften insbesonders untersagt ist.

§ 467. Ein öffentlicher Beamter, welcher für erhaltene oder versprochene Geschenke oder Belohnungen durch Handlungen oder Unterlassungen seine Amtspflicht verletzt, wird wegen des Verbrechens der Bestechung mit Zuchthaus bis zu fünf Jahren bestraft.

§ 468. Die gleiche Strafe trifft einen Richter, Untersuchungsrichter oder Geschworenen, welcher, ohne seine Amtspflicht zu verletzen, für eine Handlung oder Unterlassung, zu der er kraft seines Amtes verpflichtet ist, ein Geschenk oder eine Belohnung fordert, annimmt oder ein darauf bezügliches Versprechen nicht zurückweist. Diese Bestimmung gilt auch dann, wenn mit Zustimmung der oben Erwähnten das Geschenk oder die Belohnung einer dritten Person gegeben oder versprochen wurde.

§ 469. Mit Zuchthaus von fünf bis zehn Jahren wird bestraft:

1. ein Richter, welcher in der bürgerlichen oder Strafsache, in der er bestochen wurde, gesetzwidrig urteilt oder entscheidet;

2. ein Untersuchungsrichter, welcher in seinem Vorgehen beziehungsweise seinen Verfügungen hinsichtlich der Strafsache, in der er bestochen wurde, durch eine Handlung oder Unterlassung seine Pflicht verletzt;

3. ein öffentlicher Beamter, welcher kraft seines Amtes oder kraft besonderer Betrauung bei von einer Behörde angeordneten Feilbietungen und Vertragsabschlüssen, Lieferungen und öffentlichen Arbeiten hinsichtlich der Übergabe, Übernahme, Aufsicht oder Überprüfung mitwirkt, wenn er infolge einer Bestechung dabei gesetzwidrig vorgeht und der zugefügte Schaden fünftausend Gulden übersteigt.

§ 470. Mit Gefängnis bis zu einem Jahre und an Geld bis zu tausend Gulden wird bestraft, wer einem öffentlichen Beamten, damit derselbe seine Pflicht verletze, ein Geschenk oder eine Belohnung gibt oder verspricht.

Wer aber eine solche Handlung gegen einen Richter, Untersuchungsrichter oder Geschworenen begeht, wird mit Gefängnis bis zu fünf Jahren und an Geld bis zu zweitausend Gulden bestraft.

§ 471. Ein öffentlicher Beamter, welcher um einem anderen widerrechtlich einen Vorteil zuzuwenden oder einen Schaden oder eine sonstige Verletzung zuzufügen, durch sein Vorgehen oder seine Verfügungen eine Amtspflicht verletzt, begeht das Vergehen des Amtsmißbrauches, und wird mit Gefängnis bis zu fünf Jahren bestraft.

Der Versuch ist strafbar.

§ 472. Wegen des Verbrechens des Mißbrauchs der Amtsgewalt wird mit Zuchthaus bis zu fünf Jahren ein öffentlicher Beamter bestraft, welcher ohne rechtlichen Grund die bewaffnete Macht einschreiten läßt oder zum Einschreiten auffordert.

Wurde aber in diesem Falle durch den tätlichen Gebrauch der Waffen ein schwerer zu bestrafendes Verbrechen begangen, so ist die darauf gesetzte Strafe anzuwenden.

§ 473. Ein öffentlicher Beamter, welcher in Ausübung seines Amtes einen anderen tätlich mißhandelt oder mißhandeln läßt, begeht — insofern seine Handlung nicht unter eine schwerere Zurechnung fällt — das Vergehen des Mißbrauchs der Amtsgewalt und wird mit Gefängnis bis zu sechs Monaten bestraft.

§ 474. Das Verbrechen des § 472 und das Vergehen des § 473 wird einem öffentlichen Beamten oder einem Angehörigen der bewaffneten Macht nicht zugerechnet, welcher bei dessen Begehung einen von seinem gesetzlichen Vorgesetzten innerhalb der Zuständigkeit desselben erteilten Auftrag ausführt.

§ 475. Wegen des Vergehens des Mißbrauchs der Amtsgewalt wird mit Gefängnis bis zu fünf Jahren bestraft: ein öffentlicher Beamter, welcher seine Amtsgewalt | dazu mißbraucht, um einen

Anderen rechtswidrig zu einer Handlung, Duldung oder Unterlassung zu nötigen.

Der Versuch ist strafbar.

§ 476. Wegen des Verbrechens des Mißbrauchs der Amtsgewalt wird mit Zuchthaus bis zu drei Jahren bestraft: ein Richter oder Untersuchungsrichter, welcher gegen eine Person, deren Unschuld ihm bekannt ist, eine Strafuntersuchung einleitet.

§ 477. Mit Kerker bis zu [fünf Jahren wird ein öffentlicher Beamter bestraft, welcher gesetzwidrige Zwangsmittel anwendet oder anwenden läßt, um von einem Angeklagten, Zeugen oder Sachverständigen eine Aussage oder eine Erklärung zu erpressen.

§ 478. Wegen des im § 476 bezeichneten Verbrechens wird mit der daselbst bestimmten Strafe bestraft: ein öffentlicher Beamter, welcher, um einen anderen der gesetzlichen Strafe zu entziehen, unter Mißbrauch der Amtsgewalt, in Ansehung der Strafverfolgung die Erfüllung einer Amtspflicht versäumt, eine auf Vereitelung des Ergebnisses der Strafverfolgung abzielende Handlung unternimmt oder eine darauf gerichtete Verfügung trifft.

Die gleiche Strafe trifft auch einen öffentlichen Beamten, welcher seine Pflicht, ein rechtskräftiges Urteil zu vollstrecken, in der oben bezeichneten Absicht zu erfüllen unterläßt.

§ 479. Mit Staatsgefängnis bis zu einem Jahre wird ein öffentlicher Beamter bestraft, welcher ihm in seiner amtlichen Stellung bekannt gewordene amtliche Verhandlungen, Anordnungen und Mitteilungen oder ihm in amtlicher Eigenschaft zugegangene Schriftstücke, obwohl er weiß, daß deren Inhalt ein Amtsgeheimnis ist, zum Nachteile des Staats oder einzelner Privatpersonen anderen mitteilt oder veröffentlicht.

§ 480. Wegen des Vergehens des Mißbrauches der Amtsgewalt wird mit Gefängnis bis zu drei Monaten ein öffentlicher Beamter bestraft, welcher die Erfüllung seiner Amtspflicht verweigert.

§ 481. Die Weigerung eine Amtspflicht zu erfüllen, ist ein Verbrechen und wird mit Kerker bis zu drei Jahren bestraft, wenn dieselbe infolge einer Verabredung zweier oder mehrerer öffentlicher Beamten erfolgt.

§ 482. Ein Advokat, welcher in einer ihm in seiner Eigenschaft als Advokat anvertrauten Angelegenheit beiden Parteien mit Rat oder Tat pflichtwidrig dient oder welcher während des Verlaufes einer Streitsache die Vertretung seiner Partei zurücklegt oder kündigt und ohne deren Gestattung die Vertretung der Gegenpartei übernimmt, wird mit Gefängnis bis zu drei Jahren bestraft. Ein Advokat aber, der im Einverständnis mit der Gegenpartei zum Nachteile seiner eigenen Partei wirkt, wird mit Kerker bis zu fünf Jahren bestraft.

§ 483. Ein Advokat, welcher durch ein Geschenk oder ein Versprechen bestochen in einer Strafsache zum Schaden seines Klienten pflichtwidrig vorgeht, wird, wenn die Strafsache eine Übertretung betrifft, mit Gefängnis bis zu drei Monaten, wenn sie ein Vergehen betrifft, mit Gefängnis bis zu einem Jahre, und wenn sie ein Verbrechen betrifft, mit Kerker bis zu fünf Jahren bestraft. Betrifft aber die Strafsache ein Verbrechen, welches das Gesetz mit lebenslänglichem Zuchthaus oder mit dem Tode bedroht, so tritt Zuchthaus bis zu fünf Jahren ein.

§ 484. Wegen der in diesem Abschnitt enthaltenen Verbrechen ist neben der oben bestimmten Strafe auf Amtsverlust und zeitweilige Entziehung der politischen Rechte zu erkennen. Wegen der in diesem Abschnitt enthaltenen Vergehen ist auf Verlust des bekleideten Amtes oder der innegehabten Stellung, beziehungsweise auf Verlust der Advokatur zu erkennen.

XLIII. Abschnitt.

Schlufsbestimmungen.

§ 485. Mit dem Beginn der Wirksamkeit dieses Gesetzes treten die demselben widersprechenden Gesetze, Verordnungen und Gerichtsgebräuche außer Kraft.

§ 486. Mit der Durchführung dieses Gesetzes ist der Justizminister betraut. Über den Zeitpunkt, in welchem dieses Gesetz ins Leben tritt und über die Übergangsbestimmungen wird ein besonderes Einführungsgesetz Verfügungen treffen.

Die Sammlung aufserdeutscher Strafgesetzbücher enthält bisher die folgenden Übersetzungen als Beilagen zu der **„Zeitschrift für die gesamte Strafrechtswissenschaft"** oder zu den **„Mitteilungen der Internationalen Kriminalistischen Vereinigung"**:

I. **Niederländisches** Str.G.B. v. 3. März 1881; **Französisches** Prefsgesetz v. 29. Juli 1881; **Österreichisches** Wuchergesetz v. 28. Mai 1881 (Zeitschrift Bd. 1).

II. **Dänisches** Militär-Str.G.B. v. 7. Mai 1881; **Schwedisches** Militär-Str.G.B. v. 7. Oktober 1881 nebst Einführungsgesetz u. Disziplinar-O. f. d. Kriegsmacht (Zeitschrift Bd. 2.)

III. **Italienisches** Ges. betr. die polit. Wahlen v. 22. Januar 1882 Art. 86—97 (Strafbestimmungen); **Ungarisches** Wuchergesetz v. 27. April 1883; **Niederländisches** Ges. z. Bekämpfung d. Trunksucht v. 28. Juni 1881 (Zeitschrift Bd. 3).

IV. **New Yorker** Str.G.B. v. 26. Juli 1881 (Zeitschrift Bd. 4.)

V. **Norwegische** Str.Proz.O. v. 1. Juli 1887 (Zeitschrift Bd. 9.)

VI. **Italienisches** Str.G.B. u. Ges. betr. öffentliche Sicherheit vom 30. Juni 1889 (Zeitschrift Bd. 10).

VII. **Finnländisches** Str.G.B. v. 19. Dezember 1889 u. Verordn. üb. d. Strafvollstreckung (Zeitschrift Bd. 11).

VIII. **Mexikanisches** Str.G.B. v. 7. Dezember 1871 (Zeitschrift Bd. 14).

IX. **Norwegisches** Ges. betreffend d. Behandlung verwahrl. Kinder v. 6. Juni 1896 (Zeitschrift Bd. 17).

X. Vorentwurf z. **Schweizerischen** Str.G.B. (Mitt. Bd. VI).

XI. Entwurf z. **Norwegischen** Str.G.B. (Mitt. Bd. VII).

XII. **Bulgarisches** Str.G.B. v. 2. Februar 1896 (Zeitschrift Bd. 18).

XIII. **Ungarische** Str.Proz.O. v. 4. Dezember 1896 (Zeitschr. Bd. 19).

XIV. Vorentwurf z. **Japanischen** Str.G.B. (Zeitschrift Bd. 20).

XV. **Chilenisches** Str.G.B. v. 1. März 1875 nebst Ergänzungs-Ges. (Zeitschrift Bd. 20).

XVI. **Dänisches** Str.G.B. v. 10. Februar 1866. **Dänisches** Ges. betr. Gewalt gegen schuldlose Personen vom 11. Mai 1897 (Zeitschrift Bd. 21).

XVII. **Bulgarische** Str.Proz.O. v. 3. April 1897 (Zeitschrift Bd. 22).

XVIII. **Norwegisches** Militär-Str.G.B. und Militär-Str.Proz.O. und **Norwegische** Str.Proz.O., Änderungs-Ges. v. 1902 (Mitt. Bd. XI).

XIX. **Portugiesisches** Str.G.B. v. 16. September 1886 (Zeitschr. Bd. 24).

XX. **Norwegisches** Str.G.B. v. 22. Mai 1902 und **Norwegisches** Ges. gegen Arbeitsscheu u. Trunksucht v. 1900 (Mitt. Bd. XII).

XXI. **Ottomanische** Str.Proz.O. v. 25. Juni 1879 (Mitt. Bd. XII).

XXII. **Dänisches** Gesetz v. 1. April 1905 (sogen. **Prügelgesetz**) nebst Ausführungsbestimmungen (Mitt. Bd. XIII).

XXIII. **Japanisches** Str.G.B. vom 23. April 1907. (Zeitschr. Bd. 28.)

XXIV. **Russisches** Str.G.B. vom 22. März 1903 (Zeitschr. Bd. 28).

XXV. **Österreichischer** Gesetzentwurf betr. die strafrechtl. Behandlung u. d. strafrechtl. Schutz Jugendlicher, 1907 (Mitt. Bd. XV).

XXVI. **Spanisches** Str.G.B. vom 17. Juni 1870 (Zeitschrift Bd. 29).

XXVII. Neueste **Englische** Kriminalpolitik. 1. Children Act, 1908. 2. Prevention of Crime Act, 1908. 3. Probation of Offenders Act, 1907. (Mitt. Bd. XVI.)

XXVIII. Vorentwurf zu einem **Schweizerischen** Str.G.B. (April 1908.) (Zeitschrift Bd. 30.)

XXIX. Vorentwurf zu einem **österreichischen** Str.G.B. (September 1909.) (Zeitschrift Bd. 30.)

XXX. Das **Ungarische** Str.G.B. über Verbrechen und Vergehen. (Mitt. Bd. XVI.)

FSC
www.fsc.org
MIX
Papier | Fördert
gute Waldnutzung
FSC® C083411

Kolibri 360 GmbH
Ferdinand-Jühlke-Straße 7
99095 Erfurt, Deutschland
produktsicherheit@kolibri360.de